コロナと地域経済

コロナと自治体 4

岡田知弘 編著

自治体研究社

はしがき

岡田知弘

本書は、「〈コロナ〉と並走する」と銘打った『コロナと自治体』シリーズの第4巻にあたります。第1巻の帯にあるように2021年5月20日時点の日本の感染者数は70万人、死亡者は1万2000人でした。それから3か月も経っていない8月13日時点での感染者数は108万人、死亡者数は1万5000人を超え、日々事態が悪化しています。

菅義偉《すがよしひで》首相が、オリンピック開催の切り札として推進したワクチン接種は、高齢者についてはある程度進んだものの、職域接種を一気に拡大したために、ワクチンの供給不足問題が顕在化しています。そのようななかで菅首相が東京オリンピックの開催を強行したことで、長引く緊急事態宣言下にあった東京都内及び東京から地方への「人流」が急増するだけでなく、東京をはじめ大都市圏から地方へ感染拡大の第5波が広がっています。

第4波との違いは、感染力が極めて高いといわれるデルタ株ウイルスが猛威をふるい、過去最悪の新規感染者数、重症者数を更新し続けている点です（8月13日時点で、新規感染者数が初めて2万人を超え、重症者数も１４７８人と過去最多を記録)。とりわけ、東京都では、モニタリング会議で専門家の一人が「制御不能」な状態にあると発言するほどになっています。感染者は若い世代に広がり、中等症患者も入院できず「自宅療養」を強いられるケースが急増し、一般診療も十分にできない「医療崩壊」現象が顕在化しています。

しかも、クラスターの発生点は、この間、政府が主要なターゲットとして絞り込んで営業時間の短縮、酒類の提供の禁止を求めてきた飲食店だけではありません。百貨店の「デパ地下」やモール、学校、幼稚園・保育所、職場、さらに家庭に広がっています。西村康稔《にしむらやすとし》コロナ担当大臣が、金融機関や酒販店を通して、飲食店に対して戦時下の経済統制を想起させるような統制を行おうとしたことが、いかに間違っていたかが明らかとなっています。

他方で、２０２０年春以来の「補償なき自粛」政策の継続に加え、欧州諸国でまっさきに決めた付加価値税減税に相当する消費税減税も行わないなかで、コロナを原因とする倒産、休業、失業が累増しています。とくに、非正規雇用の女性就業者が職を失い、さらに自死にいたるケースが20年秋以降、増えていると報道されています。

コロナ禍は災害の一つです。戦時統制と動員によってウイルスに「勝利」できると為政者が考えるような「戦争」ではありません。もちろん、地震のように住宅や工場、商店、道路などの建造物を物理的に破壊することはありませんが、むしろ感染を通して人間の健康を破壊し、経済活動の根幹である人間と人間との関係性を遮断することで社会経済的被害を拡大するという特質をもった災害です。収入の途絶、社会や家族からの孤立による自死、あるいは医療崩壊による関連死も、人災、あるいは「政策災害」の犠牲といってよいでしょう。

また、災害としてとらえることで、国の指示待ちではなく、災害の現場から、その防除と再生への取組みを始めなければならないということも理解することができます。災害は「地域性」と「社会性」を必ず伴います。コロナ災害の場合、前述したような健康被害と社会経済的被害が複合した形で現われ（文字通り、コロナ禍）、社会的弱者ほどその被害が大きくなるという傾向が見られます。それぞれの地域の歴史的特質、自治体の政策を含む社会的特質によって規定されているといえます。これが「社会性」です。

「地域性」というのは、災害の被害は地域的に偏っており、決して日本列島どこでも同じように現われず、地域的な不均等性があるということです。コロナ禍の場合も、同じです。感染するのは一人ひとりの住民であり、発生する現場は彼ら・彼女らが暮らす個々の地域です。したがって、感染症への社会的防疫力・免疫力、災害後の回復力の主体は、個々の地域に住む個人、家族、そして企業や協同組合、NPO等になります。ですが、個々の主体では解決できない地域共通の問題を公権力や財源を用いて横断的に解決できる主体は、まずは市区町村しかありません。それをより広域的、専門的に補完する自治体が都道府県です。国は、本来、防疫・医療体制、ワクチン開発などについて最終責任を負うことと併せて、地方自治体におけるコロナ対策の執行を行財政面から支え、保障する役割を果たすべきです。

併せて、災害で痛めつけられた地域社会、地域経済の再生を行うためには、今後も起きるかもしれない感染症災害への対応力も考慮し、これまでの「選択と集中」や生産性重視、グローバル化一本槍の考え方による経済政策、国土政策、保健・医療政策の根本的な見直しが求められています。

本書は、右のような問題意識に立って、4つの章から構成されています。第1章は、総論であり、コロナ禍の経過と政策対応を検証し、地域経済学の視点から災害の「地域性」と「社会性」を明らかにするとともに、基礎自治体を軸にした感染対策と地域経済再生の自律的取組みの重要性を指摘しています。第2章は、コロナ禍の激甚被災地である大阪に焦点を絞り、維新政治の問題点を明らかにしたうえで、今後の地域再生の方向について述べます。第3章では、全国商工団体連合会（全商連）による営業動向調査や自治体の中小企業支援策の独自調査結果を踏まえて、小規模企業でのコロナ禍の実相と効果的な施策について詳細に検討しています。第4章では、今後の地域経済・社会の持続的発展のために、北海道帯広市での中小企業振興基本条例を活用して地域内経済循環をつくる取組みについて具体的に紹介しています。第3章と併せて、今後の各自治体での施策づくりにとって、多くのヒントが得られることと思います。

他の巻と同様、本書が、コロナ禍に立ち向かっている多くの人々の参考になることを祈っています。

2021年8月14日

目次

コロナと地域経済

[コロナと自治体　4]

第１章

コロナ禍と地域・自治体

岡田知弘

はじめに

２０２０年1月、中国から新型コロナウイルス感染症（以下、「コロナ」と略）が日本に波及し、３月12日にはWHOが「パンデミック」宣言を発して、世界全体がコロナ禍に襲われることになりました。その後、現在に至るまで、ウイルスは中国株からイギリス由来のアルファ株、そしてインド由来のデルタ株といった形で変異し、そのたびに各国で新規感染者と死亡者を増やしながら、現在に至っています。２０２１年7月15日時点で、感染確認者（以下、「感染者」と略）数は1億８８０0万人を超えました。その感染の中心地も、中国からヨーロッパ、北アメリカ、南アメリカ、そしてインド、東南アジア諸国に移動し、新型コロナウイルス感染症による直接死亡者数は約４０７万人に達しています（オックスフォード大学のデータベース Our World in Data より）。

日本でも、２０２０年４月の緊急事態宣言発出以降、21年7月に東京都に発出された4度目の宣言まで、新規感染者数と死亡者数は5波の波動を繰り返して増加し続けています。結果、国内での感染者数は、7月15日時点で、累計82万人を超え、死亡者は1万５００９人となっています（厚生労働省ホームページ https://www.mhlw.go.jp/content/10906000/000807240.pdf より）。

この間、「コロナとの戦争」という姿勢で、科学的根拠に基づかないトップダウン的な施策を繰り返してきたアメリカのトランプ大統領も、日本の安倍晋三首相も、今や政権の座から降りてしまいました。アメリカでは、民主党のバイデン大統領に交代し、大きな政策転換がなされ、ワクチン接種もすすみ、新規感染者数や死亡者数は、大きく減っています（もっとも、若年層を中心に新規感染者が再び増加しつつあります）。他方で、日本の場合は、「アベ政治」を継承することを宣言した菅義偉首相が誕生し、安倍政権時代と同じ発想の施策を繰り返し、東京オリンピック開催を強行し、内閣支持率の30％割れに象徴されるように、国民の反発を買っています。

とりわけ、地域産業のなかで深刻な影響を受けているのは、「補償なき自粛」が長期にわたって続く中で、飲食店や交通、宿泊業を中心にした対人サービスの業種です。東京都や大阪府だけでなく、地方でも、経営が持続できない中小企業や業者、生活困難に陥る休業者、失業者が続出しています。住民のくらし（生活）は、地域の産業なしには、なりたちません。その産業には、農業や製造業、商業、建設業、運輸業、金融業等だけではなく、いまや各地域で最大の雇用をもつにいたっている病院や福祉サービス業も入っています。それらの産業は、住民が働いて所得を得る場という役割だけでなく、生活するために食品や日用品を買ったり、医療・福祉・教育サービスを受けて、家族が健康かつ文化的に暮らしていくために必要不可欠な商品やサービスを提供する主体としての役割があります。そして、住民が生活する領域において、これらの産業や生活の状況を把握し、問題があれば、必要な施策を講じることができるのが地方自治体、つまり、都道府県や市区町村という存在です。地方自治体は、保健所による検疫、感染症の治療を行う病院、学校教育、福祉施設や交通、水道などの経営を通して、憲法と地方自治法の理念に基づいて、地域住民の「福祉の向上」を

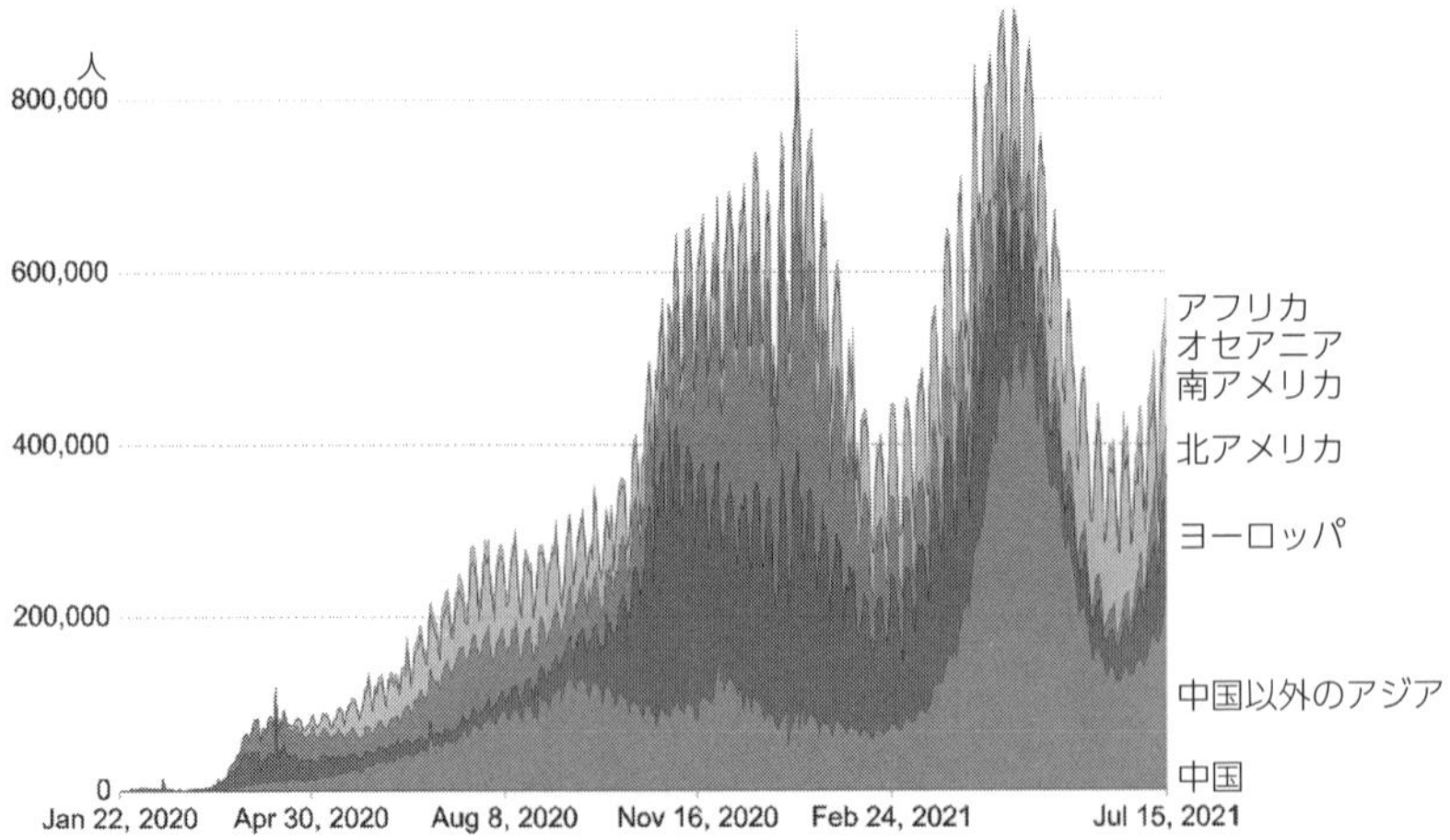

図１　世界の地域別新規感染確認者数

資料：オックスフォード大学 Our World in Data COVID-19 dataset. 原資料は、ジョン・ホプキンス大学 CSSE COVID-19 Data.

図ることが本来求められています。その地方自治体も、財政支出を通して、地域経済を創り、維持する、重要な地域内再投資力のひとつです。

本章では、地方自治と地域の視点から、コロナ禍をどうとらえ、いかに立ち向かい、どのような地域経済・社会を展望すべきかについて、私論を述べてみたいと思います。

1　感染拡大の経過と現状

(1)　世界的規模で続く感染拡大と東京五輪

まず、図１で２０２１年7月15日時点での世界の感染状況を見てみます。２０１９年12月に中国・武漢から感染拡大した新型コロナウイルス感染症は、瞬く間に、日本を含む東アジア、欧米、そして南米、インドへと伝播し、今や、アフリカや東南アジア地域に拡大しています。また、ワクチン接種がいち早く進んだイギリスやアメリカでは、再び、若者世代やワクチン未接種者を中心にインド由来のデルタ株ウイルス感染者数が増大する事態になっています。

グローバルなスケールで見ると、新規感染者数はピークをうっていない状況にあります。しかも、日本国内の新規感染者数が、第5波の拡大過程にある最中に、菅首相の判断で東京五輪が開催されることになりました。大方が無観客になったとはいえ、世界各国から5万人を超える選手、役員、そして報道関係者が首都圏や北海道、宮城県、福島県、茨城県、静岡県に来訪し、滞在、移動することになりました。「バブル方式」と称されたバリアには、多くの抜け穴があり、感染状況が激しい地域や国からの来訪者とそうでない国からの来訪者が、五輪会場周辺で日本の居住者と接触を繰り返すことになるので、それによる新たな感染拡大の波が、日本国内だけでなく世界的な規模で広がることが懸念されていました。オリンピック終了までに400人以上の関係者の感染やラムダ株感染症者が出たこと、そして国内感染者が東京を中心に急増したことによりこの懸念が現実のものとなりました。

なお、国別にみると、感染拡大を起こしている変異株の感染力の差異、ワクチンの接種状況、政府による行動規制の緩急によって、感染確認者の拡大・縮小サイクルに違いが生じており、そのパターンは一様ではありません。

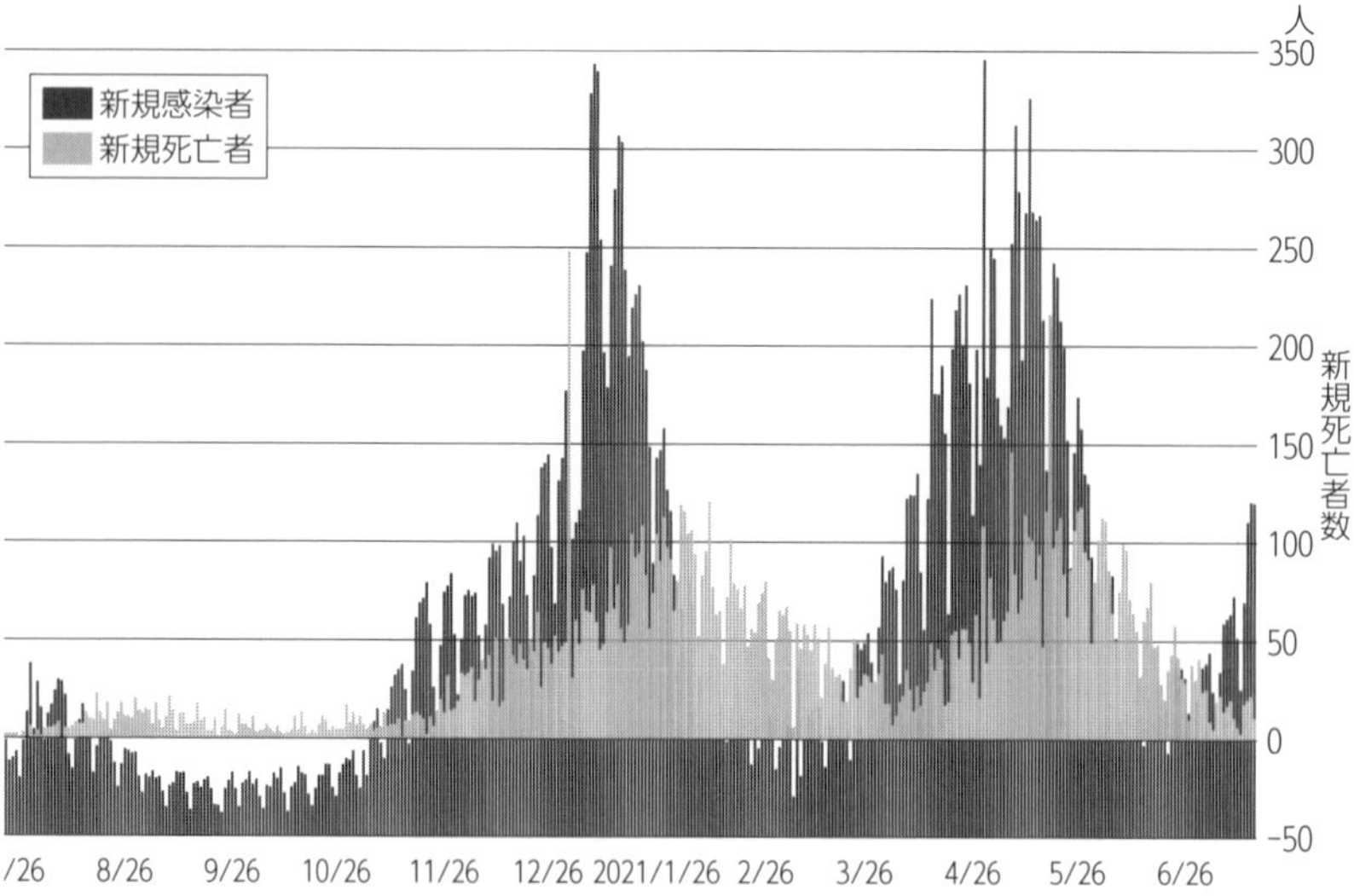

図２　新規感染者数と新規死亡者数の推移

(2)　日本での感染状況

日本のコロナ感染状況を図２で見ると、２０２１年７月15日時点で、新規感染者数については、国内第５波にあるといえます。第１波は、２０２０年４月中旬をピークにした感染拡大期、第２波は同年８月上旬をピークにした拡大期、そして第３波は菅内閣発足後の10月上旬から拡大し21年１月上旬をピークにした拡大期、第４波はゴールデンウィークをピークにした拡大期、そして７月上旬に入って再び感染拡大期に入っています。これが、第５波にあたり、東京五輪の時期に重なることになりました。

一方、新規死亡者数は、感染者数の波動から２週間程度遅れての動きとなっています。とくに第３波、第４波における死亡者数の増加は、甚だしいものがありました。

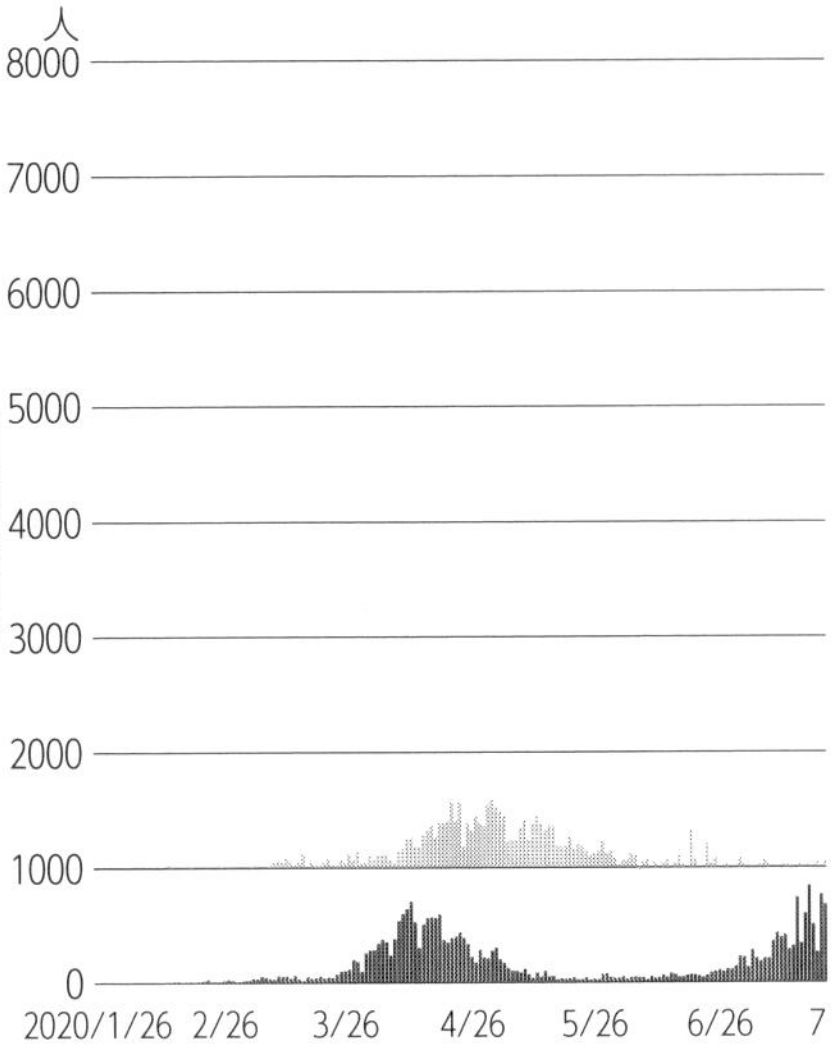

資料：図１と同じ。

呼吸器系のウイルス感染症の歴史を見ると、約百年前のスペイン・インフルエンザの経験が参考になります。第一次世界大戦期に、欧米で広がったウイルス感染症は、１９１８年の夏に日本に上陸し、40万人以上の命を奪ったといわれています。結局、３波が到来し、３年後に自然終息しました。[*1] ただし、２年目の第２波の死亡率が格段に上がったことに留意しなければなりません。当時の内務省衛生局の報告書によると、感染対策は、マスク、うがい、手洗い、隔離であり、ワクチンが開発され接種が広がる前の現代日本とそれほど変わらないレベルだったといえます。[*2] 検査技術と医療技術の進歩はあるものの、人々の個体への感染を防ぐための防疫の仕方は、ほぼ同じだったといえます。この歴史的経験から見ると、完全終息までは少なくとも3年はかかると見ておいた方がいいかもしれません。

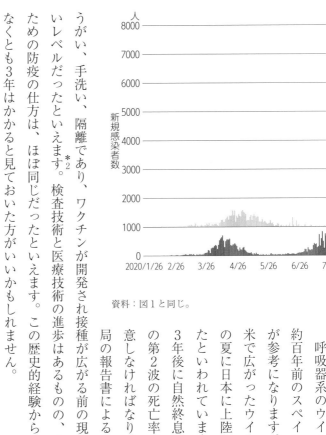

2　コロナ禍をどう見るか

(1)「戦争」か「災害」か

コロナが全世界に広がるなかで、感染症に対する各国の為政者の姿勢の違いが鮮明になったといえます。米国のトランプ大統領は、明確にコロナとの「戦争」であると表現し、自らを戦時下の大統領であるとして、科学的根拠に基づかないトップダウン的な政策運営と、WHO（世界保健機関）と中国への非難を強めました。

それに倣うかのように、安倍首相も、東京オリンピック延期を決めた際に、「人類が感染症に打ち勝った証し」にしたいと表現したように、「戦い」として捉えていました。トップダウン的な緊急事態宣言や、戦時下の統制と同様の「補償なき自粛」要請に固執した理由もそこにあるといえます。

しかし、他方で、科学の世界では、ウイルス感染症は、「戦争」ではなく「災害」であるとみなす考え方の方が一般的です。とりわけ、防災学や感染症学の世界では、半ば常識とされてきています。例えば、防災学の標準的テキストでは、生物起源によるバイオハザードも、自然災害の一つとしてとらえています。[*3] つまり、ウイルス感染症は生物起源による人の命や健康の大規模な棄損なので、「自然災害」のひとつととらえることができるということです。

地震、津波、風水害は、ある特定地域に限定した形で発災し、非被災地からの支援も可能です。ところが、感染症は人の移動を介して国内外を問わず、短期間に感染症被災地にしてしまいます。そうなると、国だけでなく、地方自治体とその主権者である国民・住民の役割が大きくクローズアップされることになります。

また、「自然災害」は、自然の変異が人間社会と接触するところで起きるものですから、自然現象のみによる災害はありえず、必ず社会的側面をもちます。したがって、被災時の政策対応だけでなく、その後のケア、生活・営業再建をどうするかという事後対応が重要になります。しかも、どんな災害を見ても、社会的弱者ほど被害は深刻です。避難や復興、あるいは感染防止策が被災者や住民を苦しめることになると、「人災」あるいは「政策災害」と呼ばれることになります。

(2) 災害としてのコロナ禍

では、この災害としてのウイルス感染症への対応主体は、誰でしょうか。国が前面に立っているように見えますが、感染するのは一人ひとりの住民であり、発生する現場は個々の地域です。したがって、感染症対策では、個々の地域に住む個人、家族、そして企業や協同組合、ＮＰＯ等が、その主体となります。ですが、個々の主体では解決できない地域共通の問題を公権力や財源を用いて解決できる主体は、まずは市区町村しかありません。それをより広域的、専門的に補完する自治体が都道府県です。国は、本来、国境措置やＷＨＯとの連携などの外交的対応とともに、防疫・医療体制、ワクチン開発などについて最終責任を負うことと併せて、現場の地方自治体におけるコロナ対策の執行を行財政面から支え、保障する役割を果たすべき存在です。

しかし、地方自治体や国は、それを担う公務員や公共サービス労働者がいなければ、公的な役割を果たせません。問題は、現在、国や地方自治体が、このようなコロナ禍に十分な対応力をもっているのか、またその政策姿勢や政策内容が妥当かどうかという点にあります。対応力をもっていないとすれば、その原因を見つけ、それを解決することにより打開への道筋を見いだす必要があります。

多くの感染症研究者が警告しているように、グローバル化が進行し、人とモノの移動が大量・高速になされるなかで新型感染症（インフルエンザ等）は、こののちも度々地球全体を襲うと考えられます。[*4] だとすれば、狭い意味での「自然災害」に備えるだけでなく、新型感染症についても、国民の幸福追求権、生存権、そして財産権を保障する憲法の視点から、今回の事態を教訓化しながら「事前復興」のための備えをつくっていくことが求められているといえます。

3　安倍政権・菅政権下でのトップダウン的コロナ対策の限界

(1)　惨事便乗型政治の展開と安倍首相の退陣

では、コロナ禍が広がるなかで、国は、どのような対策をしたのでしょうか。第1波の時点で、安倍政権がまず行ったのは、全国一斉の小中学校、高校の一斉休校要請でした。文部科学大臣との事前調整もなされないなかで、「忖度」官僚の進言で、２０２０年2月28日に首相が突如表明し、3月

2日から実施に移されました。次いで緊急事態宣言条項を含む新型インフルエンザ等対策特措法改正にこだわり、同時並行的に憲法改正論議、検察庁法改定、国家戦略特区法（スーパーシティ構想）改正、種苗法改正、9月入学論議といった、コロナ対策とは直接関係のない法制度論議を優先しました。他方で、特定企業との事実上の随意契約による「アベノマスク」・特定医薬品・オンライン教育条件充実（端末普及）を推進するとともに、各種給付事業と紐づけたマイナンバーカード普及に拘りました。一種の惨事便乗型政治を展開したわけです。より、具体的に見ていきます。

第1波「収束」局面の20年4月30日に成立した2020年度第1次補正予算では、「経済対策」として各種ＧｏＴｏキャンペーン事業予算として1・7兆円を計上したのに対して、厚生労働省のコロナ対策予算は6695億円に留めるという点に、この時点での官邸の政策の力点が如実に表現されていたといえます。また、当初、低所得者向けの給付だけに限定していた案を、野党や公明党からの突き上げで、急遽、一人10万円の特別定額給付金に変更したり、あるいは中小企業向けの持続化給付金制度の運営を、随意契約に近い形で特定企業グループに業務委託したことも、安倍政権の迷走ぶりや特定企業との癒着構造を改めて国民に示すことになりました。

ところが、20年7月に入り、再び感染拡大の動きが強まってきます。その国内第2波の初期にあたる7月22日、安倍内閣は、専門家からの反対意見も無視し、ＧｏＴｏトラベルキャンペーンを開始します。このキャンペーンも、特定の企業グループに業務委託するものであり、利益は、大手旅行代理店、高額ホテル・旅館、高額所得者に偏在することになり、中小の旅行関係事業者や飲食店からは強い反発がでることになりました。それ以上に、大都市部から地方への観光客の移動を促進したために、地方での感染者の拡大を招いたのでした。

記者会見で、国民に自分の言葉で語ることができないなかで、内閣支持率は下がり続け、安倍首相は、とうとう8月28日に持病悪化を理由に辞職を表明することになり、7年8か月に及ぶ長期政権は終焉を迎えました。

(2) 菅政権の迷走

安倍首相の後任には、同政権を支えた派閥の領袖が野合して推した菅義偉官房長官が就くことになりました。9月の自民党総裁選挙で、菅氏は安倍内閣の継承を公約として掲げ、アベ政治の政策内容だけでなく意思決定の仕方も引き継ぎました。ただし、無派閥出身ということもあり、政権基盤が不安定なだけに、利害グループを忖度した政策運営をするようになったともいえます。その象徴が、政権発足直後の日本学術会議会員の任命拒否問題でした。

コロナ対策においても、同様の特徴が見られました。安倍政権の政策を継承し、感染・医療対策の強化よりも、各種Ｇｏ Ｔｏ事業の維持を重視したほか、ビジネスやスポーツでの渡航規制の緩和を行ったのでした。検疫体制が不十分な下での海外渡航の規制緩和は、新たな変異株の流入を促したうえ、各種Ｇｏ Ｔｏ事業の継続に拘ったため、10月下旬から国内第3波の拡大を招き、年末年始には大阪で医療崩壊が起きて死亡者が急増するような、最悪の事態を招いたのです。

第3波が収まりかけた2021年3月に入ると、イスラエルやイギリスでワクチン接種が進み、新規感染者や死亡者数が急減する動きがでてきます。ところが、日本ではワクチン接種の体制づくりがすすまず、菅政権に対する強い批判が再びでてきます。菅政権は、ワクチン接種の推進に力を入れ、医療関係者に続き、高齢者、さらに一般接種をすすめるために、自衛隊による大規模接種センターづくりや大企業や大学を対象にした職域接種をすすめますが、7月初頭からワクチンの供給不足が顕在化し、高齢者の接種も終わっていない地方自治体からは強い批判がでてきました。また、大規模自治体ほど、外部委託によるインターネットや電話での予約に依存することになり、予約ができない高齢者を中心に「ワクチン難民」が続出する事態となりました。そのなかで、オリンピック開催に拘り、有観客から無観客へと方向転換しますが、「バブル方式」といわれる感染対策が穴だらけだということも発覚しました。第5波が拡大しつつあるなかで、主催地の東京都民の不安と不満が噴出し、東京都議会議員選挙で自民党は目標を大きく下回る議席数に留まったうえ、7月中旬には菅内閣支持率は各種世論調査で30%を切るまでに落ち込みました。

4 新型コロナウイルス感染症被害の実相

(1) 人的な健康被害の拡大と地域的不均等

ここでは、コロナ禍の被害状況を、地域的視点から見ていくことにします。第1に指摘したいの

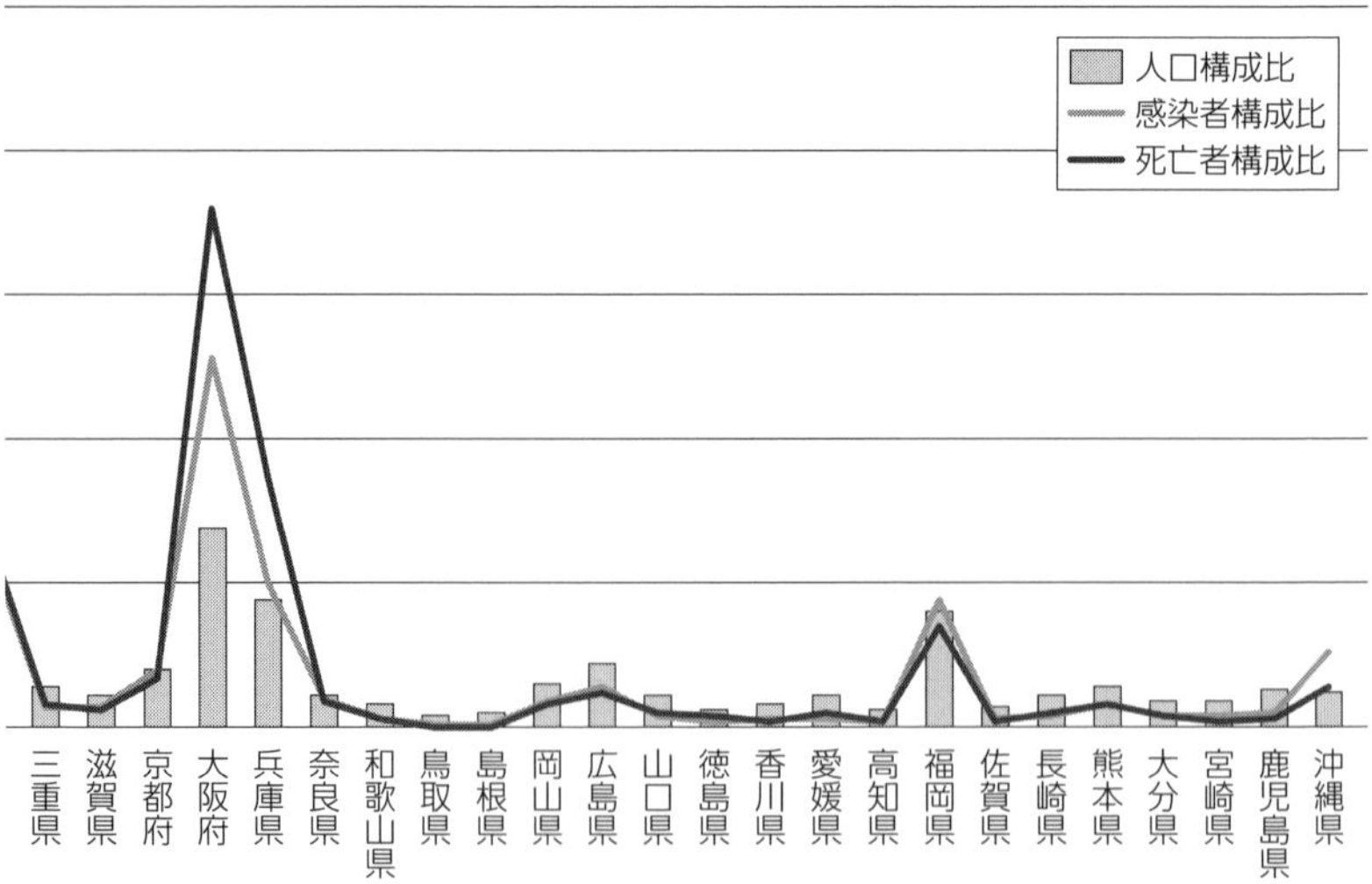

別構成比と人口構成比（2021 年 7 月 16 日までの合計数）

本台帳人口。

は、感染者と死亡者の地域的不均等性が目立つという点です。何よりも、国内の感染者、死亡者とも、東京都、大阪府を中心とする大都市圏に集中しているという特徴があります。

図３は、２０２１年７月16日時点の厚生労働省発表の都道府県別データをまとめたものです。東京都の人口シェアは全国の11％ですが、累積感染者比率は23％、同じく死亡者比率は15％を占めています。同様に大阪府は、人口比７％に対して感染者比率13％、死亡者比率18％に達しています。さらに、東京圏の１都３県の感染者比率は42％、死亡者比率は32％に及び、人口比の29％を上回っています。そのほか、札幌市のある北海道、名古屋市のある愛知県、福岡市と北九州市がある福岡県に、感染者や死亡者が集中していることが確認できます。また、沖縄県は、米軍基地や観光地

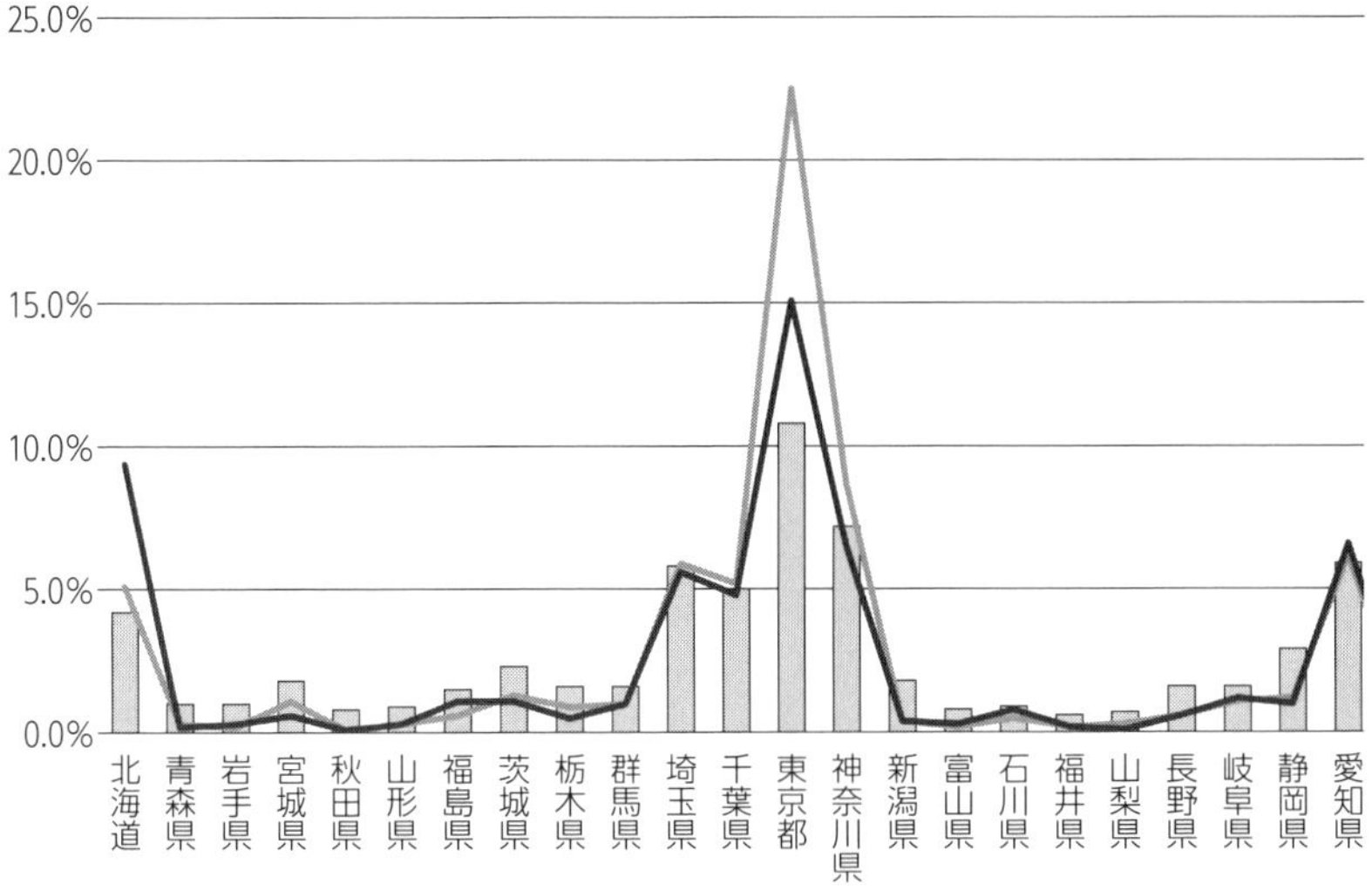

図3　新型コロナウイルス感染確認者・死亡者の都道府県

資料：感染確認者・死亡数は厚生労働省発表資料。人口は、2020年1月1日時点での住民基

があるため、ウイルスの島内への持ち込みが多いと考えられ、深刻な感染状況が続いています。

さらに、同一都道府県内で見ると、人口1位都市に集中する傾向が見られます。例えば、京都府では、**図4**で明らかなように、感染者の69％が京都市内（人口比率57％）に集中しています（『京都新聞』発表データ。2021年7月16日時点）。また、京都市や大阪市に、鉄道で結びついて通勤・通学圏になっている市町での感染者数は25％に達し、全体の95％が大都市の中心地機能と連担した地域で発生しているといっていいでしょう。

この間、政府は、国土政策や地方創生政策の一環として「選択と集中」をすすめ、中核市や政令市といった大都市に人口や経済機能を集中させる政策をとってきましたが、それ

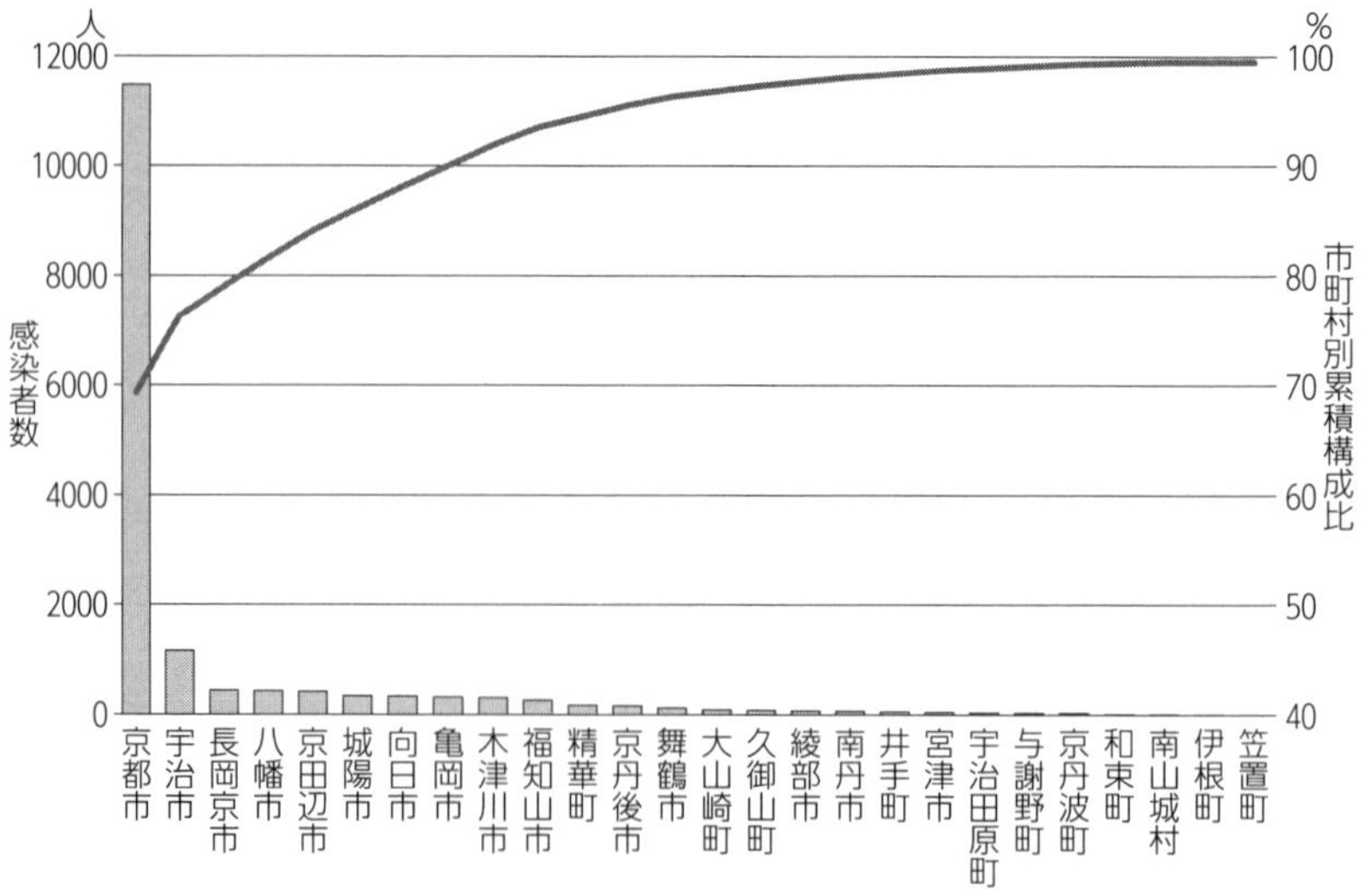

図 4　京都府内市町村別感染者の分布（2021 年 7 月 16 日正午現在）

資料：『京都新聞』2021 年 7 月 17 日から作成。

がウイルス感染症のリスクを高めているといえます。

加えて、同一都道府県内における市区町村別感染者数や死亡者数を、地方自治体が公表していないという問題があります。先の**図 4** の典拠資料は、京都府が発表する毎日の感染者情報ですが、京都府でも、また感染者がもっとも集中している京都市においても、詳細な市区町村別感染状況を発表していません。死亡者数も、市区町村別に知ることができません。感染者やその家族に対する差別を防ぐことが目的といわれていますが、個人情報がわからない程度に感染者数や死亡者数を公表することは技術的に可能ですし、そうすることで、住民が感染者密度の高いところに行くことを回避するなどの防疫措置を自主的に取ることも可能です。この点の改善が強く求められているといえます。

一方、右のような地域的不均等性は、コロナ禍を、一国レベルや一都道府県レベルではなく、地域的視点からとらえることの重要性を示しています。そもそも、感染者は、あくまで特定地域に生活する住民であり、感染症に対する防疫体制や医療、さらに産業・雇用対策も、少なくとも市区町村ごとの差異や特性を認識したうえでの対応策が必要だからです。

⑵ 社会経済的な影響と被害

一方、コロナ禍とその経済対策が実体経済に与えた影響についても、地域的不均等性が明確でした。ただし、政府が発表するデータでは、全国一本か、都道府県単位の推計データがほとんどであり、市区町村別の実態がわかるデータについては、残念ながら存在しません。

例えば、2020年度の国税収入は、60・8兆円と過去最高を記録したというニュースが流れました。その理由は、中国・アメリカ向けの輸出や巣籠り需要の創出による携帯電話やゲーム、自動車、食品といった産業の業績が好調だったからであると伝えられています。また、税率が引き上げられた消費税の増収も大きかったとしています（『日本経済新聞』2021年7月1日）。

コロナ禍によって、あたかも景気が回復したかのようなニュースです。これは本当でしょうか。そこで企業経済ではなく、実体経済に即したデータを見ていきたいと思います。まず、政府が発表した2020年度のGDP（国内総生産）の落ち込みを、**図5**で確認したいと思います。2020

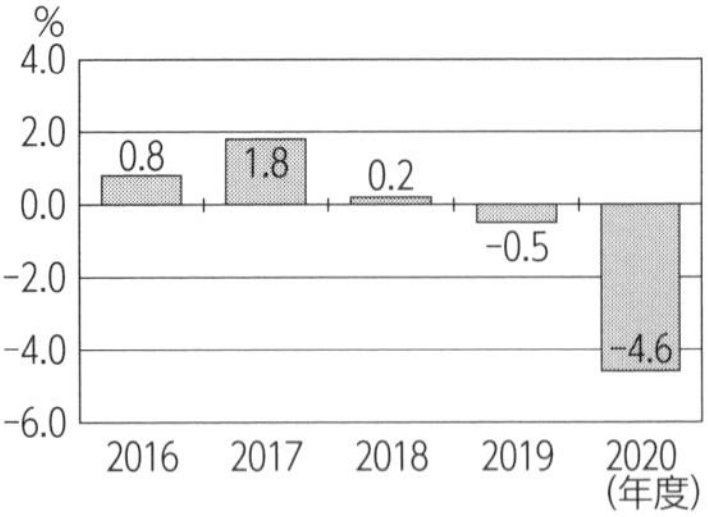

図5　実質GDP成長率の年度推移

資料：内閣府経済社会総合研究所「2021年1～3月期四半期別GDP速報（1次速報値）」2021年5月18日。

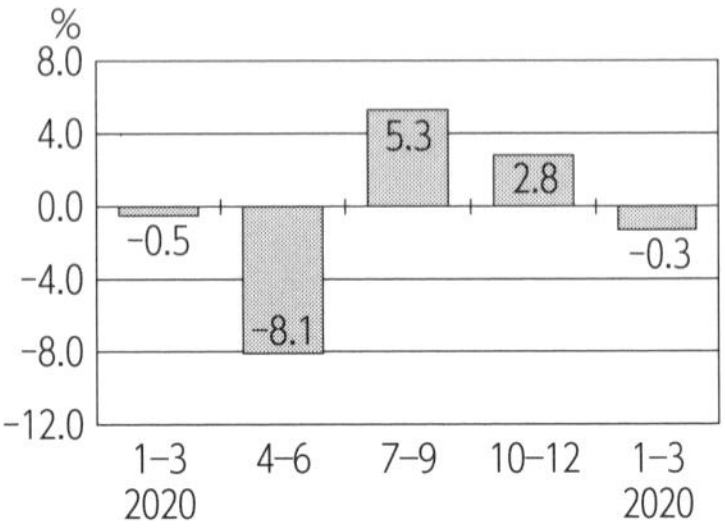

図6　四半期別実質GDP成長率の推移

資料：図5と同じ

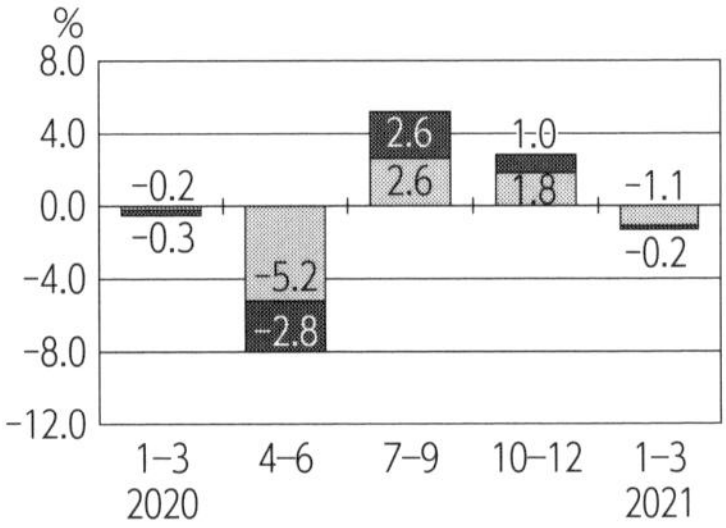

図7　四半期別実質GDPの内外需要別寄与度の推移

資料：図5と同じ

年度はマイナス4・6%というリーマンショック以来の落ち込みを記録しました。四半期別に見ると、**図6**で示したように、第1波の際に緊急事態宣言が発出された4～6月期の落ち込みがマイナス8・1%を記録し、これが大きく響いたことがわかります。また、**図7**によって内外需要別に四半期別動向を見ると、夏から秋、冬にかけて、各種給付金やキャンペーン事業による内需の回復に加え、輸出による外需の回復もあって増勢に転じますが、21年1～3月期に入ると感染拡大によって再びマイナスに陥ってしまいます。

（単位：万人）

女		
	対前年度	
実数	増減	増減率(%)
78	-5	-6
83	0	0
312	-8	-2.5
69	3	4.5
75	2	2.7
547	-8	-1.4
92	5	5.7
57	4	7.5
88	2	2.3
235	-25	-9.6
138	-7	-4.8
199	6	3.1
655	14	2.2
179	-6	-3.2
75	7	10.3
2,964	-34	-1.1

さらに、より実体経済に近い、就業機会に関わるデータを見てみましょう。表1は、2020年度平均で、労働力調査に基づいて、産業別の就業者数（経営者及び雇用者の合計）の推移をまとめたものです。まず、就業者総数が69万人も減少していることがわかります。産業別に見ると、減少している産業と、増えている産業との対照性が明らかです。大幅に減少しているのは、宿泊業・飲食サービス業の37万人（マイナス8・9％）、製造業の19万人（マイナス1・8％）、卸売・小売業の12万人（マイナス1・1％）であり、農林業、建設業、生活関連サービス業などを含め対面サービス、対人接触型の産業です。とりわけ、宿泊業・飲食サービス

表1　産業別就業人口の変動（2020年度平均）

	男女計			男		
		対前年度			対前年度	
	実数	増減	増減率(%)	実数	増減	増減率(%)
農業、林業	199	-9	-4.3	121	-4	-3.2
建設業	491	-7	-1.4	408	-7	-1.7
製造業	1,041	-19	-1.8	729	-11	-1.5
情報通信業	244	14	6.1	174	10	6.1
運輸業、郵便業	348	1	0.3	273	-1	-0.4
卸売業、小売業	1,054	-12	-1.1	507	-4	-0.8
金融業、保険業	167	2	1.2	75	-3	-3.8
不動産業、物品賃貸業	142	11	8.4	85	7	9
学術研究、専門・技術サービス業	246	4	1.7	158	2	1.3
宿泊業、飲食サービス業	381	-37	-8.9	146	-12	-7.6
生活関連サービス業、娯楽業	233	-9	-3.7	96	-1	-1
教育、学習支援業	344	12	3.6	144	4	2.9
医療、福祉	868	17	2	213	3	1.4
サービス業(他に分類されないもの)	447	-8	-1.8	268	-2	-0.7
公務	247	5	2.1	172	-2	-1.1
就業者総数(その他産業を含む)	6,664	-69	-1.0	3,700	-36	-1.0

資料：総務省「労働力調査」。

就業状態別15歳以上人口の動向（2020年度）

（単位：万人）

男女計			男			女		
	対前年度			対前年度			対前年度	
実数	増減	増減率(%)	実数	増減	増減率(%)	実数	増減	増減率(%)
6,863	-32	-0.5	3,819	-13	-0.3	3,044	-19	-0.6
6,664	-69	-1.0	3,700	-36	-1.0	2,964	-34	-1.1
527	0	0.0	390	-3	-0.8	137	3	2.2
140	-3	-2.1	28	0	0.0	112	-3	-2.6
5,962	-58	-1.0	3,263	-28	-0.9	2,699	-30	-1.1
5,615	-64	-1.1	3,000	-35	-1.2	2,615	-29	-1.1
3,549	33	0.9	2,340	-4	-0.2	1,208	36	3.1
2,066	-97	-4.5	659	-32	-4.6	1,407	-65	-4.4
1,456	-65	-4.3	345	-12	-3.4	1,111	-53	-4.6
136	-5	-3.5	53	-4	-7.0	83	-2	-2.4
275	-13	-4.5	145	-7	-4.6	130	-6	-4.4
114	-12	-9.5	73	-8	-9.9	41	-3	-6.8
84	-3	-3.4	43	-1	-2.3	42	-1	-2.3
198	36	22.2	119	23	24.0	79	13	19.7
4,202	15	0.4	1,527	4	0.3	2,675	11	0.4

業では、女性の就業者の減少が目立っています。これに対して、医療・福祉業で17万人（プラス2％）も増えているほか、情報通信業で14万人（プラス6・1％）、教育・学習支援業で12万人（プラス3・6％）、不動産業・物品賃貸業で11万人（プラス8・4％）など、非接触型の産業での増加が目立っています。コロナ禍での産業再編の進行を物語っているといえます。

同じく「労働力調査」によって、人々の就業状態の変化を見てみます。表2によると、就業者数は1年で69万人減少していますが、うち役員を除く雇用者が64万人を占めています。雇用者の内訳をみると、医療・福祉分野を中心に正規雇用が33万人も増えているのに対して、非正規雇用は97万人も減少しているのです。そのうち65万人

表2

労働力人口
就　業　者
自営業主
家族従業者
雇　用　者
うち役員を除く雇用者
正規の職員・従業員
非正規の職員・従業員
パート・アルバイト
労働者派遣事業所の派遣社員
契約社員
嘱　　託
そ　の　他
完全失業者
非労働力人口

資料：表1と同じ。

が女性であり、パート・アルバイト雇用が大きく減少していることがわかります。減少した就業者のうち36万人が完全失業者として純増していることになります。対前年度比で22％も増えていますが、絶対数では女性よりも男性の方が多くなっています。さらに、完全失業者のうち17万人が「勤め先や事業の都合による離職」であり、対前年度比で80％を超える増加となっています。

この表には明示されていませんが、「労働力調査」では、「休業者」の数もわかります。2020年度平均で、対前年度比で80万人も増えています。宿泊業・飲食サービス業で18万人、卸売業・小売業で10万人、生活関連サービス業・娯楽業で9万人の純増となっています。

(3)　都道府県別倒産・雇用動向

では、このような産業別、雇用形態別の就業・失業状態は、都道府県別に正確につかめるのでしょうか。残念ながら、リアルタイムで、感染データと同じように、都道府県別、あるいはさらに市区町村別にただちに雇用の状況や営業の状況を把握することは、現時点ではできていません。

厚生労働省は、定期的に「新型コロナウイルス感染症に起因する雇用への影響に関する情報について」（以下、「情報」と略す）を発表しています。このデータは、ハローワークに相談があった事例だけを各都道府県の労働局が集計したものであり、かなり過少な数字であるといえます。同情報によると、２０２１年７月16日時点で、「雇用調整の可能性がある事業所数」は20年５月以来の累積数で13万１２５０事業所、「解雇等見込み労働者数」は、11万６７７人と推計されています（https://www.mhlw.go.jp/content/11600000/000807937.pdf）。先ほどの「労働力調査」の数字と大きく乖離していることがわかります。それは、「情報」の調査方法に規定されています。具体的には、この「情報」は、「都道府県労働局の聞き取り情報や公共職業安定所に寄せられた相談・報告等を基に」集計されたものだからです。したがって、大方の傾向を知ることができても、各都道府県あるいはハローワーク管内別の雇用動向については、ほとんどつかめていないといってよいでしょう。「大方」の傾向としては、「解雇等見込労働者数」は、製造業、小売業、飲食業、宿泊業の順で多いという点です。

このことは、帝国データバンクによる「新型コロナウイルス関連倒産　動向調査（２０２１年７月21日付）」によっても裏付けられます。ちなみに、公的機関による倒産・工場閉鎖統計は、日本の場合は存在しません。現状では、信用会社による調査に頼るしかありません。同社が、「新型コロナウイルスの影響を受けた倒産」と認定した、〈法的整理または事業停止（銀行取引停止処分は対象外）、負債１０００万円未満および個人事業者を含む〉倒産件数は、同日時点で１７８８件に達します。このうち負債額が１００億円を超える大型倒産は、５件に留まっています。実は、２０２０年の倒産件数は、前年よりも少なくなっています。これは、各種給付金や緊急融資、雇用調整助成金によるものと考えられます。ただし、この統計では、倒産によって失業した雇用者数は把握されていません。また休廃業の実態もつかめません。

　月別でみると、２０２１年３月期の倒産が１８０件と最多になっており、今後も増えると予想されています。業種別に見ると、上位は「飲食店」（２９８件）、「建設・工事業」（１７８件）、「ホテル・旅館」（１００件）、「食品卸」（92件）という順になっています。観光や飲食、買い物自粛による倒産が多くなっていますが、「建設・工事業」については、「飲食店・小売店の休業や倒産増の影響を大きく受けてきたほか、近時はウッドショックによる資材の高騰・調達難の影響が出はじめている」と指摘されています。

表３　都道府県別に見たコロナ関連倒産件数
（2021年７月21日時点）

本社所在地	件数	倒産構成比	人口構成比
東京都	404	22.6%	10.8%
大阪府	191	10.7%	6.9%
神奈川県	103	5.8%	7.2%
愛知県	80	4.5%	4.2%
兵庫県	75	4.2%	4.4%
静岡県	72	4.0%	2.9%
福岡県	70	3.9%	4.0%
北海道	66	3.7%	4.2%
全国計	1,788	100.0%	100.0%

資料：帝国データバンク「新型コロナウイルス関連倒産　動向調査（2021年７月21日付）」
注：人口構成比は、2020年１月１日時点での住民基本台帳人口による。

　さて、問題は、都道府県別の倒産件数です。表３を見ると、倒産件数は、東京都で最も多く４０４件で、全体の22・6％を占めています。人口比の２倍を超えています。次いで、大阪府の１９１件、神奈川県の１０３件、愛知県の80件、兵庫県の75件、静

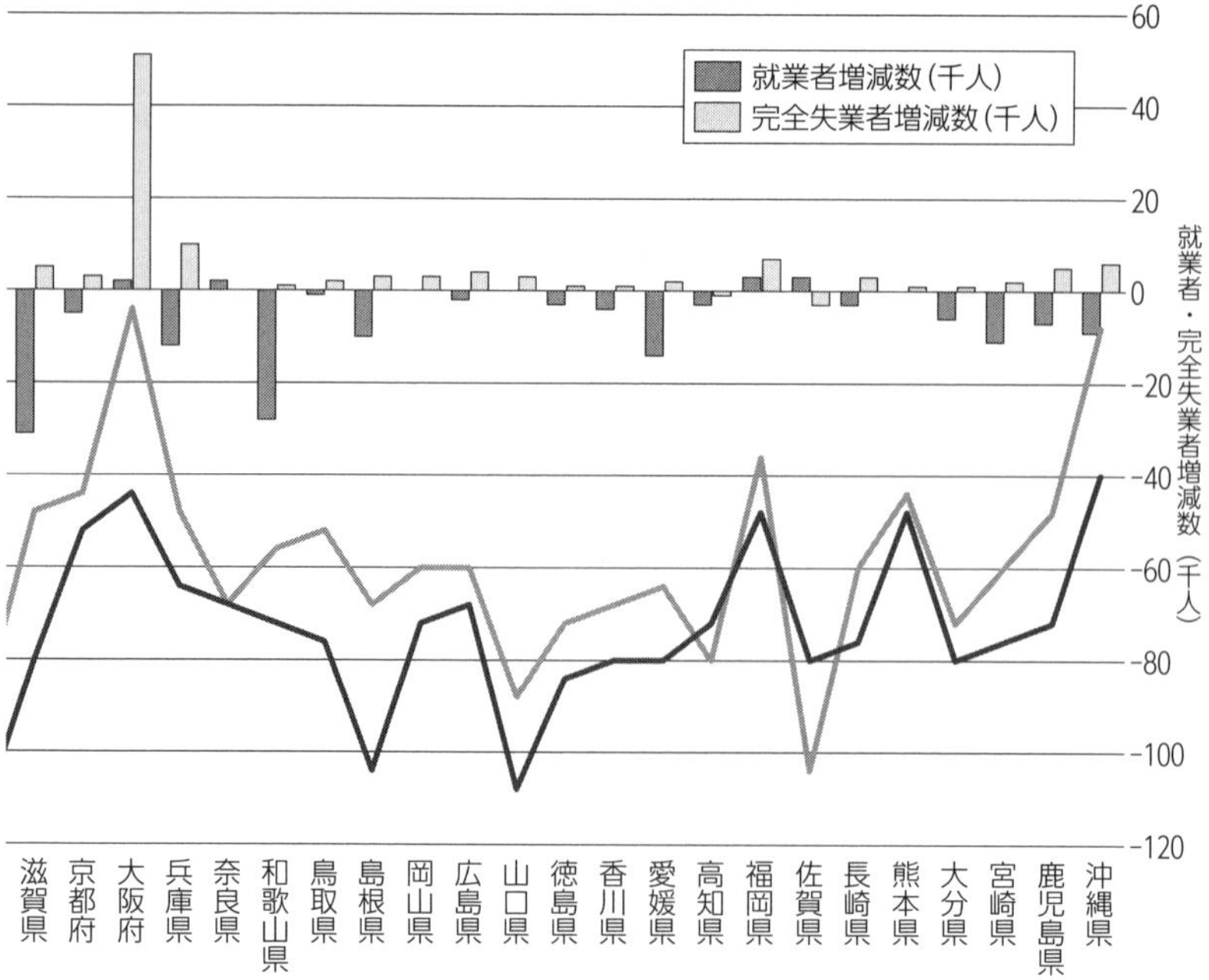

就業者数・完全失業者数の動向

岡県の72件、福岡県の70件、北海道の66件という順序になっています。人口比よりも高い構成比を示しているのは、東京都以外に、大阪府、愛知県、静岡県です。やはり本社機能が集中する中枢都市が所在する都道府県の構成比が高いといえます。そのなかで静岡県の倒産構成比の高さが目立っています。東京商工リサーチ静岡支店によると、「コロナ禍で外食産業からの受注が減った食品加工業や製茶関連の倒産が多い」ためといわれています(『日本経済新聞』2021年4月13日付)。

最後に、総務省「労働力調査参考資料」によって、都道府県別に就業者と完全失業者の動向を、見てみま

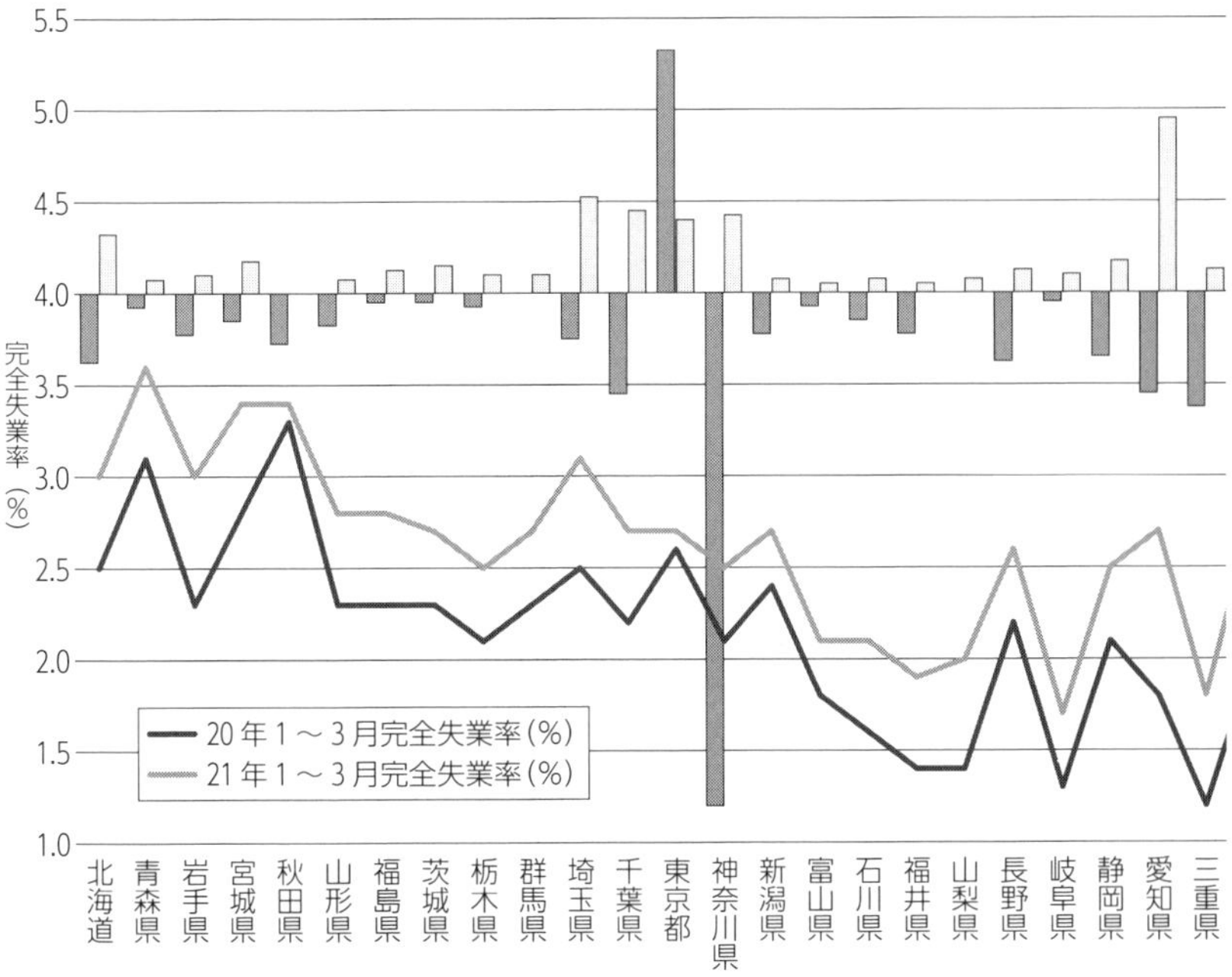

図8　コロナ禍一年目の都道府県別

資料：総務省「労働力調査参考資料」による。

す。もちろん、この調査もサンプルを取って行っており、推計値であることを、あらかじめ断っておきたいと思います。**図8**は、2020年1～3月期と21年1～3月期の、就業者総数と完全失業者数、そして完全失業率の推移をまとめたものです。コロナ禍が始まりかけてから1年間の変化を示しています。まず棒グラフ（右目盛り）の就業者数を見ると、東京都で5万3000人増加する一方、神奈川県では11万2000人の減少となっています。その多くが宿泊業・飲食サービス業、医療、福祉分野での就業者とみられます（神奈川県「神奈川県労働力調査結果報告（2020年平均）」）。各地域の産業や企業経営の特質によって大きく揺れていることがわかります。ちなみに、グラフではわかりづらいのですが、大阪府及び奈良県では2000人の増、福岡県及び佐賀県では3000人の増加となっています。他方で、圧倒的多くの道府県で就業者数が減っています。そのなかにはコロナ禍と関係のない定年によるリタイアや前出した休業者として継続している人も入っており、必ずしもすべての人が「完全失業者」にはなってはいません。それを前提に、完全失業者数を見ると、大阪府の5万1000人増が最大であり、以下、愛知県の3万8000人増、埼玉県の2万1000人増、千葉県の1万8000人増、神奈川県の1万7000人増、北海道の1万3000人増が続いています。就業者数が大幅に減少した神奈川県では完全失業者数は1万7000人の増加に留まっています。また、大阪府や福岡県では就業者数は微増していましたが、完全失業者数は大きく増えています。逆に、高知県や佐賀県では完全失業者数が減っていること（前者が1000人、後者が3000人）も特徴的です。

他方、完全失業率は、増減の絶対数が少ない県での雇用動向の推移を捉える指標としては有効です。分子を完全失業者数、分母を就業者数と完全失業者数の合計値として、除した数字が完全失業率です。ただし、完全失業者の概念は、極めて厳格で、調査期間中に必ず求職活動を1度はしていることと、現金収入機会が皆無であったことが条件とされています。したがって、次の仕事を探すためにアルバイトやパートの仕事についていて、忙しくて調査期間中に求職活動をしていなかった人は完全失業者として算定されません。1年前と比べて完全失業率が改善している県は、高知県と佐賀県の2つだけで、あとの都道府県はすべて悪化しています。

とりわけ、全国最悪の水準になったのは、大阪府であり、前年比1・0ポイント増の3・9％でした。これに、沖縄県の3・8％（0・8ポイント増）、青森県の3・6％（0・5ポイント増）が続いています。また、完全失業率の上昇ポイントが高い県を北からあげていくと、岩手県0・7ポイント増、宮城県0・6ポイント増、埼玉県0・6ポイント増、山梨県0・6ポイント増、愛知県0・9ポイント増、三重県0・6ポイント増、滋賀県0・8ポイント増、鳥取県0・6ポイント増、島根県0・9ポイント増、鹿児島県0・6ポイント増となっており、愛知県や埼玉県など大都市圏の県に加え、島根県や岩手県など列島周縁部でも急増していることがわかります。大阪府は感染状況が最も深刻な地域であり、それが経営・雇用状況を悪化させていると考えられます。他方、島根県や鳥取県、岩手県では感染状況はそれほど悪くはないのですが、各種規制・「自粛」策や大都市圏での度重なる「緊急事態宣言」発出等の影響が出ていると考えられます。これもまた、災害としてのコロナ禍の間接的被害、「政策災害」ととらえるべきものです。

とはいえ、本来、基礎自治体や都道府県が把握すべき、地域の産業や企業の経営状況、さらに雇用の実態については、管見するところ、各自治体におかれたコロナ対策本部ではほとんど把握していないのではないかと考えられます。

5　問い直される「公共」及び地方自治体の役割

(1)　問い直される「公共」の役割

ここまで、安倍政権による中央集権的なコロナ対策とその失敗の要因及び感染症被害の地域的不均等性について述べてきました。このことは、日本だけでなく世界各国で共通している問題でもあります。

1980年代後半以降、イギリスのサッチャー政権、アメリカのレーガン政権、そして日本の中曾根政権に代表されるように、それまでの「福祉国家」的な行財政の仕組みを、規制緩和の導入によって解体し、市場化を図る新自由主義的改革が各国で推進され、医療や福祉をめぐる公共サービスや社会保障の弱体化が進行していました。新型コロナウイルス感染症は、新自由主義的改革によって社会がバラバラにされた国々を襲いました。とりわけ世界最多の感染者と死亡者を出しているアメリカで新自由主義を標榜するトランプ大統領が政権を握っていたことが、1つの象徴であるといえます。

そのような新自由主義の〝元祖〟といわれるイギリスで、コロナに感染したジョンソン首相が退院後に「社会は存在する」と発言したことが注目されます。彼の師匠ともいえるサッチャー首相が「社会は存在しない」と市場原理に任せて公的医療サービスなどを切り捨ててきたからです。

つまり、コロナ禍のなかで、公衆衛生や医療をはじめとする「公共」の役割の大切さが国際的に再認識されているといえます。日本でも必要なのは、もっぱら自己責任を求める「新しい生活様式」ではなく、「公共」の役割を重視する「新しい政治・経済・社会のあり方」であるといっていいでしょう。そして、何よりも住民の感染防止と命を守るために公共の責任を全うすることです。行き過ぎた行財政改革を根本的に見直し、公立・公的病院の再編計画を即時に中止し、地域の公衆衛生・医療体制を整えなければなりません。併せて住民の暮らしを支えるための産業、福祉政策も、地域の個性に合わせて地方自治体が中心になって立案、実行すべき時です。

(2) 惨事便乗型首長と思考停止型首長の出現

こうして、本来「住民の福祉の向上」（地方自治法）を目指すことを最大の責務としている地方自治体の役割が俄然注目されることになりました。新型インフルエンザ等対策特措法においては、知事は都道府県本部長として、基本的対処方針に基づき新型インフルエンザ対策を実施するとともに、政府に対して意見を具申することが認められています。また、具体的な実施権限として、感染を防止するための協力要請、住民に対する予防接種、医療等の確保、臨時の医療施設、土地等の使用が法で定められました。このうち、感染を防止するための協力要請が、緊急事態宣言やまん延防止等重点措置にともなう休業・時短要請等の根拠となるものです。

このような大きな権限と責任が知事に与えられたことにより、知事の間に対応の差が目立つことになりました。とりわけ、2020年春の第1波の「収束」期に、緊急事態宣言解除を目指していち早く「大阪モデル」を打ち出した大阪府の吉村洋文知事の政策手法が問題となりました。現に、当時、3つの基準そのものには科学的根拠が薄いと府の専門家会議の座長自身が語っていました。1回目の宣言解除後、松井一郎大阪市長ともども、「大阪都構想」に関する住民投票の年内実施を表明したように、ここでも惨事便乗型政治を見ることができます。

また、大阪の動きと張り合うように、小池百合子東京都知事は、近づいてきた知事選挙での再選を最優先し、「東京アラート」の設定を発表しました。アラートの水準によってレインボーブリッジのライトアップの色を変えるという方法でしたが、その指標の設定・解除も恣意的で、7月以降の感染再拡大に対しては無策でした。これらの両知事に共通な点は、マスコミに頻出して、自らの支持を得ようとポピュリズム的なパフォーマンスを前面に立てていた点です。この点を「知事の仕事はパフォーマンスではない」と強く批判したのが、片山善博元鳥取県知事でした。[*5]

小池東京都知事や吉村大阪府知事は、経済界からの「経済活動再開」要求と、自らの知事選再選、大阪都構想の住民投票実現を目指すという私的利害もあり、「大阪モデル」「東京アラート」といった恣意的指標をもとに、活動規制の緩和を急いだといえます。ところが、それが、第2波の感染再拡大につながっていったわけです。

他方、財源が比較的潤沢にある東京都や大阪府では、休業補償への協力金等を独自財源によって制度化することができましたが、財政事情が厳しい地方の各府県ではそれぞれの財政事情に対応した支援策しか制度化できませんでした。これは、本来、ヨーロッパ諸国のように、国が責任をもって財源負担をすべきことですが、安倍政権はそれをしませんでした。これが、地域経済ばかりか地方財政の危機を拡大しているといえます。

また、政治姿勢として、足元の地域の現場を見るのではなく、国や近隣自治体の動向を待って、自らの自治体の政策決定を行う「思考停止型」首長といってもいい知事も残念ながら多数生まれました。そのうちの一人が、花角英世《はなずみひでよ》新潟県知事だといえます。中央省庁出身ということで、人脈によって、国から各種予算を取ってくることが評価されているといわれていますが、コロナ禍のなかで評価が一変しました。国の政策方向が見えないなかで「国待ち」の姿勢となって初動体制に後れを取り、「問われるリーダー像」という批判的な見出しが地元紙に躍ったほどです（『新潟日報』2020年6月12日付）。コロナ禍の中で、改めて「公共」や地方自治体の存在意義だけでなく、住民の危機的状況下での首長の役割が問われているといえます。

6　政府・財界の「ポストコロナ」戦略

(1)　安倍政権下の「骨太方針2020」と地方制度調査会答申

一方、安倍政権側も、第1波が「収束」したかのようにみえた2020年の初夏から「ポストコロナ」戦略を前面に押し出してきました。なかでも重要な政策文書は、経済財政諮問会議の「骨太方針２０２０」（２０２０年7月17日）です。最終文書は、コロナ禍の影響で、例年より1か月遅れで決定されましたが、その内容は、同会議で中心的な役割を果たしている、財界の利害代表者である民間4議員による提案内容（同年6月22日）に沿ったものでした。

同提案では、公衆衛生・医療・地方行政の領域におけるデジタル化推進を「デジタルニューディール」の名の下で行うことや、テレワークの導入による多角連携型経済社会の構築（受け皿としての地方の政令市、中核市育成とスマートシティづくり）、首都圏・関西圏での広域的行政サービスの展開を上げていました。また、国と地方自治体とのデータ統合とマイナンバーカードの普及加速化を強く主張する一方、「経済・財政一体改革」方針を堅持するとともに、「資源配分にメリハリ」をつけるべきだと注文していたのです。結果、その多くが盛り込まれることになりました。

要は、コロナ禍を奇貨として、さらなる経済成長を図るために「デジタルニューディール」を推し進めるということです。この点は、経済財政諮問会議に先立って、経済同友会が提案した「新型コロナウイルス問題に対する中長期的な対応方針についての意見」（6月16日）に沿うものであったといえます。同意見書においては、さらなるデジタル化の追求による経済成長と民間企業の活用を強く求めていたのです。

また、地方制度改革分野では、総務省内の研究会で２０１８年に打ち出された「自治体戦略２０４０」構想[*6]に基づいて、第32次地方制度調査会（以下「地制調」と略す）で審議された結果が、2020年6月26日に答申として提出されました。結局、全国町村会等が強く反対していた「圏域行政」の

「法制化」という文言は使われなかったものの、行政のデジタル化及びその標準化・共同化・効率化、広域連携推奨、民間企業の自治体の計画・施策策定、実施過程への参画を推進する諸方策を提起するものとなりました。[*7] これらは、上記の「骨太方針2020」の内容と共鳴関係にあるといえます。

ところが、調査会の議論においても、答申においても、コロナ禍で炙り出された東京一極集中問題、さらにコロナ対策においての自治体の対応の根本的弱点（大幅職員削減による保健所等の機能マヒ、大規模自治体での給付金の遅れ、補償財源不足問題等）の政策的検証は一切行われなかったのでした。その結果が、国内第2波以降、第5波にいたる感染被害の拡大であったといえます。

(2) 菅政権の成長戦略と「コロナ失政」

2020年9月に、安倍政権の「継承」を宣言して発足した菅政権は、公約どおり前政権の政策方向や政治手法、人事のほとんどを引き継ぎました。ただし、菅首相自身が無派閥であるがゆえに、政策のブレが極端であるという特徴があります。その象徴が、安倍内閣もできなかった、日本学術会議会員任命拒否事件であるといえます。また、成長戦略としては、「グリーンとデジタルを柱にする」としました（『日本経済新聞』2020年12月16日）。グリーンとは、原子力産業界の要求に応えて原発を推進するということであり、デジタルとは、デジタル庁の設置によりデジタル化を地方自治体も含めて推進することを意味しています。いずれも経団連や経済同友会といった財界団体の意に即したものです。

さらに注目すべきことは、成長戦略会議の正式委員に、中小企業・地方銀行「淘汰」論を展開してきたアトキンソン小西美術工藝社社長を据えた点です。日本の雇用者の7割を占める中小企業の数を半減すべきと提言している人物を敢えて政策中枢に据えたことは、コロナ禍で疲弊した地域経済及び地域社会の担い手である中小企業の実態を見ない乱暴な手法だといえます。

しかも、その政策的意図は、菅政権の下で、緊急事態宣言やまん延防止等重点措置の対象地域の飲食業に対する「時短協力金」制度を設けたものの、東京都や大阪府などの各自治体で2021年2月の協力金が6月に入っても支給されないという事態が示しているといえます。その後、中小飲食店に対する淘汰策ともいえる施策の実施が、7月8日の記者会見で、西村康稔経済再生大臣によって表明されます。なんと、法的根拠もないのに、酒類を提供している飲食店に対して、取引金融機関を通して圧力をかけたり、仕入れ先の酒販業者に取引停止を求めるとしたのです。これは、戦時下の経済統制や企業整備と同種の考え方に基づくものです。この時も、生産力増強にとって障害となるとみなされた中小企業の「整備」=統合と強制的業種転換がなされたのです。このような強権的な政策は、飲食店だけでなく、各界からの強い反発があって、即座に撤回することになりましたが、他方で協力を拒否する飲食店が増加しました。

長期にわたる「自粛要請」だけでなく、飲食店とお酒にのみターゲットを当てて、営業規制を行ったために、中小企業を中心とした飲食店のコロナ関連倒産が増えています。東京商工リサーチによると、2021年の1~5月期において、飲食業で負債総額1000万円以上の倒産は270件でしたが、そのうち新型コロナ関連倒産が123件と全体の45・5%を占め、「時間の経過とともにコロナ禍の影響が事業継続に深刻な影を落としている」と指摘されています。とりわけ、飲食業のなかでも「酒場・ビヤホール（居酒屋）」では、「倒産が69件発生し、このうち新型コロナ関連倒産は43件と6割以上（構成比62・3%）を占めた。酒類提供が制限され、来店客の減少や客単価の低下などで売上が落ち込み、厳しい状況に置かれている」と分析しています。*8

もうひとつ、安倍内閣期の持続化給付金事業に続いて、菅内閣の時短協力金支給事業でも大阪府や東京都では、事務事業の外注がなされました。大阪府の場合は、パソナが受注し、経験が乏しい職員が審査にあたったことが遅延の要因だったという内部告発もありました（『しんぶん赤旗』2021年7月1日付）。

菅政権は、オリンピックの開催にこだわり、それを総選挙や総裁選挙に政治利用しようとして、遅れていたワクチン接種も急ぎました。しかし、医療従事者に続いて、高齢者の接種段階になると、大規模自治体が外注していたインターネット予約サイトが度々ダウンしたり、電話がつながらないという事態が頻出しました。結局、7月末時点でも、希望する高齢者全員にワクチン接種が行きわたらないという「ワクチン難民」問題が出現しました。さらに、接種率をあげるために、自衛隊による大規模接種センターや大企業や大学での職域接種を急ぎましたが、7月に入り地方自治体や職域でのワクチンの供給不足問題が顕在化し、ここでも客観的データに基づく、計画的事務執行にはなりませんでした。さらに、オリンピック開催とともに、過去最悪の第5波の感染拡大となってしまいました。まさに、「コロナ失政」といえるものです。

⑶　デジタル化と地域経済・地方自治との相克

このように、デジタル化による対応には大きな限界があるにも拘わらず、菅政権は、デジタル化による成長戦略を最優先し、デジタル庁設置を中心とした、地方自治体も巻きこんだデジタル市場の創出と、デジタル化を軸にした新たな地方統治構造の構築を推進しようと、デジタル改革関連法の制定をはじめとする法制度や事業の具体化を着々と行ってきています。

例えば、デジタル改革関連法のひとつとして自治体情報システム標準化法が制定されました。これによって、デジタル庁が策定する方針に適合した情報システム（主要17事務、うち自治事務は14事務）を、２０２５年度までに「ガバメントクラウド」に移行するというものです。自治体独自のカスタマイズは事実上できない仕組みになっており、上意下達型の統治を行いたい政治家や市場確保をねらう大手情報企業にとっては願ってもない環境が整うことになります。

また、マイナンバーのカード普及を、「マイナポータル」による各種情報と結合しながら展開する法律もできました。この結果、ありとあらゆる個人情報を一元管理し、それらを「非識別情報」として「オープンデータ化」し、ビジネスに活用できる仕組みもつくりました。当然、そのための情報システム投資が必要になります。

これらは、地域の中小の情報関連（ＩＴ）企業ではとても対応できない事業となります。そうなると地域経済への波及効果は、ほとんど期待できないといえるでしょう。逆に、外国資本を含む大手ＩＴ企業の独占的な市場となるのは目に見えています。実際、会計検査院の報告書によれば、２０１８年度の情報システムの競争契約のうち一者応札がなんと7割を占めたというのです（『日本経済新聞』２０２1年5月27日付）。また、過大な見積りによる無駄な発注も指摘されています。たとえば、マイナンバーシステムの稼働率は、わずか5％だったと指摘されています。さらに、厚生労働省が導入したスマートフォン向け接触確認アプリ「ＣＯＣＯＡ」が、全利用者の三割で機能不全だったことが稼働4か月後にわかるという事件もありました（『日本経済新聞』２０２1年2月5日付）。このような不良・不完全システムも含めて、これらを受注した大手ＩＴ企業は、システム更新のたびに巨額の売上額を手に入れることができるわけです。これは、政治家とゼネコンとの談合・癒着を表現した「土建国家」よりも、ひどい事態であるといえます。

問題は、情報システム市場の独占や地域経済への波及効果のなさに限りません。前述したように、菅政権の下でのデジタル改革の一環として、地方自治体のもっている膨大な個人情報をビジネス分野に流用するために、各地方自治体が制定している現行の個人情報保護条例をいったん停止して、国による個人情報活用のための法制に一元化できる法律が成立してしまいました。これによって、国民・住民の個人情報が流出、悪用される危険性が一段と増し、場合によっては間違った情報のプロファイリングとその運用によって人の一生を台無しにしてしまう「バーチャルスラム」をつくることになりかねない状況が生み出されています。つまり基本的人権の侵害です。

さらに、政府は、地方自治体の「デジタル化や広域連携」を梃にしながら、専門家にしかわからない情報技術によって、地方自治体の上からの統制・コントロールを強めてきています。その際、2020年通常国会での国家戦略特区法改正を受けた「スーパーシティ構想」に象徴されるように、民間企業が、個人情報を収集し、各種公共サービスを展開し、みずからの「儲けの手段」とする念の入れようです。しかも、その民間企業には、外国資本も入ります。この間、LINEでの個人情報の海外流出が問題となりましたが、2020年元旦に発効した日米自由貿易協定では、デジタル貿易協定を結び、日本の公権力が外国のIT企業が提供するプログラムやアルゴリズムに介入することができないという条項が入っています。情報の主権も確立しないなかでの個人情報の民間企業への流用を、民間企業からの出向者が多数を占めるデジタル庁によって推進することが、どのような事態になるのかは、ある意味明白ではないでしょうか。[*9]

それは、国民主権、住民主権の根幹をなす個人の基本的人権の侵害の危険だけでなく、地方自治体の団体自治や住民自治をも脅かすことになるといえます。現に、「骨太方針2021」を経済財政諮問会議で審議するために、民間4議員が、21年5月25日に提案した「経済・財政一体改革の当面の重点課題~地方行財政、社会資本整備」には、次のような項目があがっていました。

第1に、国と地方及び地方自治体間の役割分担の見直し、広域連携を強める。ここでは、コロナ禍の経験をもとに、国の権限を強める方向を、地制調に求めていますし、「自治体戦略2040構想」の4本目の柱である東京圏の圏域行政体についての議論が不十分だと地制調を批判したり、市町村の広域連携、都道府県による補完に関わる法整備の議論を求めています。また、第2に、「地方財政の平時モードへの切り替え」を強調し、地方創生臨時交付金等の検証を行い、「感染症収束後には、早期に地方財政の歳出構造を平時に戻すべき」と述べています。

これまでの構造改革の考え方とまったく同じですし、経営に苦しむ地域の中小企業や仕事を失った人々が累増しているなかで30兆円近くの未使用金が明らかになっているのに対して、一刻も早く、地方財政支出については縮減すべきだという方向に走ってしまっています。憲法の理念に基づいて、地方自治体を国と対等な関係に置くのではなく、国の従属物とみる明治憲法的な考え方は、財界団体が小泉構造改革を通して市町村合併を推奨した時から顕在化していました。

例えば、経済同友会は「基礎自治体強化による地域の自立」（2006年）という提言を出しています。そこでは、「親会社【国】への依存体質から脱却し、子会社【自治体】の自助努力による徹底したコスト削減【歳出削減】!」と記述していました。国と地方自治体の関係を、大企業の論理でしか見ない思想は、今も続いているようです。自治体は、国の子会社ではありません。そして国と自治体の主権者は、国民であり住民です。とりわけ災禍にあたっての国や地方自治体の最大の責務は、主権者の基本的人権、幸福追求権、財産権を守り、住民の福祉の向上を図ることにあります。これこそ憲法の理念です。

それを否定し、国や地方自治体を自分たちの企業の「儲ける力」をつけるために私的に活用し、「公共」の役割を否定、削減してきことで、今回のコロナ禍の「政策災害」化が加速しました。

今後、個々の地域と自治体で、公共サービスのあり方や業務内容の「改善」をめぐって大手民間資本にとって「儲かる自治体づくり」か、住民の福祉の向上かをめぐる対立が顕在化する可能性が強いといえます。住民一人ひとりの生活と地域全体の福祉の向上をめざす取組みが強く求められている局面だといえます。

7 地方自治と地域経済をめぐる展望と地域の自治力

(1) 足元の地域の実態に即した地方自治の必要性

すでに述べたように、感染症被害にも地域性があります。それは、人間の健康に対する直接被害と、社会経済への被害の2つからなります。日本列島上での東京一極集中という現象だけでなく、各都道府県内における感染症発生の地域的不均等性という形をとっても現れます。

前出の**図4**は、京都府内の市町村別感染者の分布を示していました。京都府の場合には、政令市である京都市内に7割の感染者が集中しているのです。京都市内及び大阪市内への通勤・通学圏に、ほとんどの感染者が集中しているといえます。逆に、感染者がほとんどいない町村も、府北部や南部に複数あります。にもかかわらず、京都府内で一律的な感染症対策を講じることは、科学的な対策とはいえません。

菅政権下で、まん延防止等重点措置地域の指定を県単位ではなく、基礎自治体単位で行えるように新型インフルエンザ等特措法を改正しました。しかしながら、知事が地域の実情に合わせて、感染防止施策を講じる業種や地域を柔軟に設定できる仕組みではなく、国の方は飲食店を対象にした時短協力金しか認めないといった硬直性が残されています。この点は、片山善博元鳥取県知事が強く批判しているところでもあります（『京都新聞』２０２１年5月25日付）。

また、このような同一都道府県内に基礎自治体ごとの不均等性があるとすれば、感染症への対応の主体も、地域経済再生の主体も明確となります。そもそも感染するのは一人ひとりの住民であり、発生する現場は個々の地域の現場です。したがって、感染症対策では、個々の基礎自治体に住む個人、家族、そして企業や協同組合、ＮＰＯ等が、その主体となるのは理の当然です。これらの主体と連携して、感染症の被害の程度や産業の衰退状況に応じて、地域共通の問題である公衆衛生や医療福祉のインフラ、そして地域産業の持続性を、法的権限や財源を用いて解決する役割を担うのが市町村です。

京都市内の場合は、区役所別の対応も必要ですし、その場合、区単位での公衆衛生機能や地域産業政策を行える都市内分権が必要不可欠です。しかしながら、京都市では、大阪府・市の動きを追う形で、区役所ごとにあった保健所機能を廃止・統合してしまいました。したがって、区役所別の感染状況の把握も、きめ細やかな対策もできていません。また、区内の地域産業の状態を把握し、適切な対策を講じる権能も区役所には与えられていません。コロナ禍は、日本の政令都市制度の弱点も明らかにしたといえます。

さらに、前述したようにこれら基礎自治体の行政運営を、人的、物的、財政的側面で補完するのが本来の都道府県の役割です。国は、憲法で定められた、公衆衛生を含む国民の生存権や幸福追求権、財産権を守るために、国際的な防疫体制の強化と、自治体の財源保障に徹するべきなのです。

そのための第一歩は、市町村と都道府県が、地域の足元の感染状況だけでなく、住民の営業とくらし、教育や文化に関わる問題状況を調査によって把握し、住民に情報公開することが必要不可欠です。感染者の地域分布が韓国のように詳細に明らかになれば、人々は感染リスクを避ける行動をとりますし、梃入れが必要な産業や地域が明確になれば、支援制度や財源の具体的な枠組みも作りやすくなります。ちなみに現状の京都府や京都市のホームページでは、感染者の市区町村分布を直接示す一覧表はありません。**図4**は、京都府の発表資料をもとに、翌日の『京都新聞』が報道している一覧表から作表しています。また、重症者や死亡者の地域別分布についても、情報を得ることができません。このような状況の改善が必要なのではないでしょうか。

さらに、社会経済的被害については、自治体ごとの把握が一層立ち遅れているといえます。本来ならば、地震災害等と同じように人的被害と併せて産業や生産・生活施設の被害状況を総合的に把握して、災害対策本部で対応策を決めて、局面ごとに、さらに被災した基礎自治体ごとに、対応策を講ずるべきなのですが、コロナ禍においてそのような体制をとっている基礎自治体は極めて少ない状況です。住民の失業・就業状況は、厚生労働省が発表している都道府県単位での粗い推計値を共有しているに留まっているところが多いとみられます。病気と同じで、症状を正確に把握、分析することなしに、有効な処方箋は書けません。地域住民の健康状態や生活の実態とともに、産業や経営の実相とそこでの課題を把握することによって、はじめて有効な対応策が生み出されるといえます。

日本で最初の中小企業振興基本条例を制定した東京都墨田区では、「新型コロナウイルスによる区内中小企業等への影響調査」を実施し、その分析を報告書にまとめて、2020年10月に区役所ホームページで公開しました。[*10] 同調査は、条例制定後に整備された「企業台帳」に登録されている8149社から、区内企業1132社を抽出し、当初は面談調査で、また緊急事態宣言発出後は電話やメールでの聞き取り調査で実施したもので、634社から回答を得ています。回収率は56%でした。調査内容は、会社の基本情報に加え、自社の景況感、新型コロナウイルス感染症に伴うイベントの中止・延期、自社における対応、墨田区の産業及び観光施策、すみだビジネスサポートセンターへの相談についての調査項目を設定して、2020年3月から6月までの期間の状況を把握しています。同調査によると、従業員規模別では、規模と反比例して「非常に悪い」とする割合が高まることや、業種別で見た場合の売上増減の不均等性とともに、サービス業のうち約40%以上が「マイナス50%以上」の落ち込みになっているほか、製造業でも2割の企業が「マイナス50%以上」の落ち込みになっていることが明らかとなっています。規模別、業種別の動向を、企業台帳と突き合わせてみれば、規模別・業種別対策だけでなく、個別企業への支援もよりきめ細やかに行えるようになるわけです。

(2) 自律的な地方自治体の登場

さらに、コロナ禍に対して、自律的に対応した自治体も少なからず生まれてきています。コロナ禍における時間の経過とともに自治体独自の施策を充実させつつあります。政府が打ち出す施策の限界、あるいは無策ぶりが明らかになるなかで、首長の政治的立場がどうであれ、地方自治体独自の役割、自律性が否応なく求められてきているといえます。

まず、新型コロナウイルスで日本最初の医療クラスターが湯浅町で発生した和歌山県の対応が注目されます。当時、厚生労働省は、ＰＣＲ検査の受検者の「目安」として、中国渡航歴があり、37・5度以上の発熱が4日以上続く人であるという通知を出していました。これに対して、和歌山県は、独自に徹底した調査を行い、早期に封じ込めに成功し、その後も大規模な感染拡大を防いでいます。高齢者を対象にしたワクチン接種率も、全国トップクラスの水準を早期に達成しています。仁《に》坂吉《さかよし》伸《のぶ》知事は、経済産業省出身で、自民党・公明党両党に推薦されて当選した知事であり、カジノ誘致にも取り組んでいる人物です。仁坂知事が、地域保健行政に明るかったこともありますが、同県では、１９９０年代末の地域保健法改正後も、県内各地にある保健所の統廃合を行わず、独自の地域保健行政を続けてきました。これは、保健師さんたちの取組みとともに県都のある和歌山市と県南地域との距離が遠く、個々の地域別の施策の重要性を求めてきた市町村や地域住民の声に支えられてきたからだといえます。*11

さらに、第2波のあと、地方自治体が、みずから科学的判断の下に、ＰＣＲ検査等を社会的検査としてより拡大し、感染状況の詳細な把握を行いながら、防疫体制、医療体制、福祉・介護体制の持続性の確保を図るとともに、産業・雇用の維持を図る政策も併せて立案・実施した東京都世田谷区のような先進的自治体も登場しました。保坂展人《ほさかのぶと》区長は、社会的検査を新設するために、寄付金を集めると同時に、国や都に対して補助制度の新設を要求しました。その結果、国の補助制度ができ、他の自治体も活用できるようになりました。[*12] この動きは、半世紀前の「公害の時代」において、保守系の首長であった四日市市が、地元の医師会や自治会連合会の運動によって、市独自の公害患者救済制度をつくり、全国の公害都市と連携しながら、公害対策基本法制の制定・充実のなかで、全国的な公害患者の生活保障制度をつくりあげていった歴史とも重なります。

一方、医療機関や中小企業の社会経済的被害に対して、政府が補償策をとらないなかで、独自の支援制度を創出した地方自治体が増えていきました。ただし、当初は財政措置が講じられなかったために、財政力に規定された「支援格差」が拡大したという問題がありました。その後、地方創生臨時交付金がある程度措置されてきたことから、それを活用した独自施策が広がりました。ただし「地方創生」の枠内に閉じ込められた交付金であることの限界があります。より自由に使える交付金にすべきでしょう。

まず、自治体内のすべての医療施設に対して支援策を講じた市町村数は、20年11月時点で99にのぼっています（全国保険医団体連合会事務局調べ、２０２０年11月11日時点）。また、コロナ禍で経営に苦しむ地域の中小・小規模企業に対して休業補償を行っている自治体も、20年10月末時点で、３５

8に達しています（全国商工団体連合会調べ、2020年10月27日時点）。後者の詳しい内容については、本書の第3章で紹介していますので、ぜひ参照していただきたいと思います。

⑶　小規模自治体の優位性が明らかに

コロナ禍に対する感染対策やワクチン接種、あるいは1人10万円の特別定額給付金や各種補助金・融資の施策づくりや運用について見ていくと、大規模な都市自治体よりも、小さな自治体の方が、より効果的、かつ迅速な対応ができていることが明らかとなっています。

例えば、10万円の給付金の給付状況を見ると、大阪市では2020年6月時点で1割にも達していませんでしたが、北海道の東川町では政府の補正予算成立に先だって、給付を完了しています。ワクチン接種についても、京都府北部にある伊根町では21年6月末時点で中学生以上の希望者全員に複数回の接種を完了しています。大規模都市においては、インターネットや電話での予約がパンクして、大混乱を来していたところです。

つまり、各種給付金の給付の遅れは、経済財政諮問会議が書いているようなデジタル化の遅れやマイナンバーカードの未活用によるものではなく、市町村合併等によってあまりにも大きな基礎自治体をつくり、かつそこで働く公務員を大幅に削減し、業務については何重もの下請け構造をもった企業に委託することから生じていることだといえます（とりわけ大阪府・市の具体的な問題については、次章を参照してください）。コロナ禍は、このようなこの間の地方自治制度改革や三位一体の改革、そして公共サービスの産業化政策による民間企業への委託事業の拡大が生み出した問題を鋭くえぐりだしたのです。

『科学』誌の2021年5月号に興味深い小論文が掲載されました。濱岡豊慶應義塾大学商学部教授による「COVID―19対策の諸問題④　都道府県における対策の評価試論」と題する論文です。濱岡論文では、2020年12月（一部は3月22日）までのデータを使って、47都道府県のコロナ対策の政策評価を試みています。指標としては、健康被害、経済影響という「結果」に加え、その影響を減らすと考えられる「対策」、「市民の協力」の4分野に分けて、合計10の項目が充てられています。対策と影響の小ささとの因果関係を、標準偏差の合計値で示そうという考え方です。詳細に検討すべき点は多々ありますが、ここでは結論だけ紹介しておきます。ランキングの第1位になったのは鳥取県でした。同県の場合は、累積陽性者あたりの累積検査件数の高さが明確であり、感染者を早期に発見し封じ込めていると指摘されています。この点は、市谷知子氏によっても具体的に指摘されているところでもあります。[*13]

逆に最下位となったのは大阪府でした。濱岡氏によれば、大阪府は全体的に検査不足であり、自宅療養率が40％にも達する時期も多く見られ、それが客室稼働率の長期的低迷をもたらし、「対策の失敗が経済に対しても深刻な影響を与えている」とされています。この点は、本章及び次章で展開している内容と合致するものであり、別の角度からの傍証といえます。

⑷　地域経済のあるべき姿が見えてきた

新型コロナウイルス感染症は、長引く可能性があることに加え、今後も新種の感染症がたびたび大流行するとの警告が多くの専門家によってなされています。このようなグローバル化がもたらした感染症による大災害のリスクを回避するために、取るべき方策も見えてきました。

それは、「3密」や「アフターコロナ」論に代表されるような「新しい生活様式」や、コロナ禍が永遠に続くことを想定したような「ウィズコロナ」の方向ではなく、今回のような感染症被害を人為的、政策的に拡大してきた政策群の根本的見直しを、地域から行っていくという方向です。いわば、「新しい政治・経済・社会」の創出であるといってよいでしょう。

例えば、コロナ禍によって、これまでのグローバル化・効率化一本槍の「経済成長戦略」・「選択と集中」政策の限界、リスクが白日の下に明らかとなりました。「増田レポート」をベースにした「地方創生」政策では、東京及び政令市や中核市への経済機能や行政機能、人口の集中を追求してきましたが、これが感染リスクを大都市圏で高めることになり、またコロナ禍に対する政策的対応力の欠如によって救える命や経営の多くが、「政策災害」の犠牲になってしまいました。

２０２０年10月にＺｏｏｍ上で開催された第25回小さくても輝く自治体フォーラムのリレートークにおいて、前述した北海道東川町の松岡市郎町長は、いまこそ「適疎」の時代だと強調しました。「適疎」とは、「適当に疎が存在する」という意味の造語です。東川町は、感染者数が少なく、かつ感染被害に対してもいち早く対応でき、さらに森林資源やエネルギーを活かした地域づくりを実践し、しかも人口が増えている町です[*14]。

このような国土政策の思想や手法への根本的転換が求められていますし、現に、コロナ禍における人口移動を見ると、東京からの社会的移動が増えているという顕著な変化が現れてきています。これは、東日本大震災以来の「田園回帰」の流れをさらに推し進めるものとなっています。

そして、全国各地で、地元資源を生かした地域内経済循環を基本にした互恵的で持続的な地域社会に向けた取組みが広がっています。これまでは、京都市のような観光地では、国の成長戦略に沿って、インバウンド観光客誘致を一辺倒にしてきたところが多くありましたが、外国人観光客がほとんど来なくなるなかで、必然的に自らの経営の見直しや地域住民、地域の取引先との関係を重視する方向に経営の力点を置くようになってきています。例えば、京都市内では、行き場を失った京野菜を生かしたテイクアウト用弁当を、飲食店・宿泊業者が共同でつくり、配達も地域のタクシー業者が行うという連携の取組みがなされています。インバウンド観光客重視から地元顧客重視への転換を図り、新たな顧客を生み出す努力です。

あるいは、20年春のマスクや医療用防護服、フェイスシールドの極端な払底が、医療用品の海外への生産シフトによって起きていたことを知った繊維関連企業が、独自の布マスクを開発したり、あるいはプラスチック加工業者がフェイスシールドの生産に乗り出し、自らの経営や地域産業の維持、再建だけでなく、コロナ対策にも貢献する試みも、各地で見られました。地方自治体の地域産業政策としては、そのような取組みをしている企業を積極的に支援する方向が求められたといえます。

人々が生きていくために、その地域で、どのような仕事、活動が必要なのかも鮮明になりました。それは、「エッセンシャルワーク」と言われる医療や介護だけではなく、農業や製造業、建設業、運輸業、そして教育や文化芸術等々多様な職種にわたります。それぞれが地域社会において社会的有用性をもって共存しているのです。

とりわけ遠隔地との交流・交換が長期にわたりストップするなかで、地域社会の「地金《じがね》」が、くっきりと姿を現したといえます。それらは、その地域になくてはならない「宝物」です。これらが互いに結合しあうことは、一種の「連帯経済」といえます。これによって、地域内経済循環が生み出され、それに関わる個々の経営体の経済力及び地域産業全体の地域内再投資力が強まることで、地域経済・社会の再構築につながるのです。

いずれの場合も、遠隔地の人々や企業との取引の安定的再開がしばらく不透明な状況のなかで、ウイルス感染を防ぎながら、個別の経営を維持し、地域経済・地域社会を持続させていくためには、足元の「地域」に視点を置き、まずは内部循環型経済を再構築していくことが必要不可欠になっていることを示しています。これを地域経済の母体としながら、経済取引の再開時には、域外取引を拡張していけばいいわけです。

北海道の帯広市では、中小企業振興基本条例の理念に基づき、さまざまなグループによる地元農産物を活かした加工品販売、テイクアウト弁当の販売などをインターネットによって促進する施策をいち早く打ち出しています。コロナ以前からの帯広市における地域内経済循環創出の取組みについては、第4章に詳しく書かれていますので、参照していただきたいと思います。また、宮城県の南三陸町では、震災後に制定された条例を活かして、町の観光協会と連携して、町内の生産物を贈答品として販売する事業に力をいれ、順調に販売を伸ばしています。同じく白石市では、コロナ禍のなかで、六次産業化をすすめる拠点整備もして、地域内再投資力を地域の中小企業と農家が連携して強める取組みを始めています。同種の条例がある自治体では、その具体化を地方自治体と企業、住民が連携して生み出すことが求められていますし、条例がない自治体では、この機に制定して、地域経済・社会の持続を図る取組みを体系的に展開してほしいと思います。[*15]

2021年に入り、私の方には、全国各地から地方自治体での条例づくりや条例を活用した地域づくりについての講演依頼が数多く届いています。また、京都府与謝野町では、すでに制定された条例の理念を活かして、地域の経済構造の実態と地域内経済循環拡大のヒントを把握するために、新たな調査事業を開始しています。

おわりに——調査から共同の運動・地域づくりへ

コロナ禍が長引く中で、対面での会議や調査が難しくなり、Ｚｏｏｍの会議に参加できない人がいたり、あるいはＺｏｏｍでの情報のやりとりに疎外感を抱き、孤立しつつある人も、少なからず存在しています。災害研究の第一人者で、数多くの災害現場に足を運んでいる室崎益輝神戸大学名誉教授は、「人のつながりは生きる力。物理的な距離は離れていても、社会的な距離はより密にしなければならない」と述べています（『神戸新聞』２０２０年5月21日付）。災害の現場で、一番懸念されることは、孤立であり、生きる力の源泉は「人のつながり」であると明確に言い切っておられます。

感染症対策で、「ソーシャルディスタンス」（社会的距離）をとるという言説が大規模に流されてしまいましたが、これは人々のつながりを断ち切るものとなっているように思います。感染対策として肝心なことは、「物理的距離」（フィジカルディスタンス）をとることです。同じ会議場のなかでも、距離を保ったり、アクリル板を置いたり、マスクをしておれば、感染リスクは格段に下がります。また、リモートでの対話も、もちろん感染対策には有効です。対面でもよく知った仲なら、誤解なく、一体感を得る議論もできるでしょう。自治体、会社、地域、協同組合や労働組合の中でも、このことを肝に銘じるべき状況ではないでしょうか。

その際、まず必要なことは足元の実態をしっかり調査することです。国が発表するデータや施策では、足元のことはわかりませんし、実態との大きなズレを起こしてしまう危険があります。墨田区や与謝野町のように、独自の調査ができる自治体であれば、それほど問題はありませんが、自治体がそのような姿勢にない場合は、どうすればいいのでしょうか。

京都では、２０２０年6月に、京都自治体問題研究所を中心に「新型コロナウイルス禍から住民の命とくらしをまもる京都フォーラム」を立ち上げ、地域経済、雇用、地方財政等々の専門家による情報発信と各運動団体等との連携を呼びかけました。ほぼ同時期に、京都府職労連が中心となり、自主的に商店街の実態調査に取り組み始めます、20年9月までに京都市内及び宇治市内で431店舗の面談調査を行い、商店街振興組合とも懇談しました。調査の主体になったのは、青年部に属する若い組合員でした。これまであまり商店街を利用していない彼らが、個々の商店を訪問し、経営の状況や行政への不満、要望を聞き取ることは大変な勇気が必要だったことと思います。しかし、商店主の生の声を通して、助成金の申請手続きの煩雑さや、高齢者にとっては商店街がなくてはならない存在であることなどを知り、それを自らの仕事や生活に生かそうと考える若い公務員が増えていきました。

組合として、調査結果を副知事との懇談で紹介したり、担当部署に情報提供して施策やその運用の改善につながるような取組みも展開してきています。2021年2月28日には、この調査結果をZoomによって情報発信するシンポジウムも行われました。そこには、私も参加しましたが、商店街調査で彼らが訪問した京都三条会商店街振興組合の馬場雅規専務理事も登壇しました。同組合では、地域の高齢者の生活や健康を守る取組みをしてきたほか、コロナ禍においても200軒近くの組合員事業所を守るために、独自の「がんばろう金券」をつくり、売上が大幅に落ちている飲食店経営を支えようと、売り上げが逆に増えている小売店の経営者や従業員が金券を使って飲食する取組みをすすめました。しかも、金券は1週間以内に現金化できるというもので、現金決済が必要な飲食店にとっては大いに助かるものでした。実際、コロナ禍が1年続く中で、廃業したお店は1

軒だけだったといいます。このような究極の「地域内経済循環」の取組みは、馬場専務理事自身が、中京区にある「ぐるぐる循環ネットワーク」の学習会で学んだことを応用したものであったと聞き、京都府職労連部の皆さんだけでなく私も大いに励まされました。[*16] このような自主的な調査運動こそが、危機を打開する大きな力になるといえます。

２０２1年7月、画期的な意見書が京都府議会で採択されます。本書の付録につけた「コロナ禍で影響を受ける中小企業、個人事業主、働くひとたちへの経済対策・緊急支援対策を求める意見書」が全会一致で可決されたのです。京都府内では、京都府職労連も参加している京都総評が、２０２0年12月以来、各地の経済団体との懇談を経て、コロナ禍での地域経済への抜本対策を求めた「コロナ禍のもとで、働く者の暮らしも、中小企業と地域経済も守るための提案」をとりまとめていました。[*17] それを持参して、京都府内の経済団体、各市町村の商工会・商工会議所を訪問し、懇談してきた結果、最低賃金の引上げと、それを保障するための中小企業に対する減税や社会保険料負担の軽減、さらにコロナ対策の充実を求めるという点で、自民党から公明党までの合意づくりに成功したのです。いま、京都府に限らず、地域の経済も、中小企業経営者、個人事業主、そして労働者の生活も極めて困難な状況が広がっています。一部の大企業だけが「儲ける」ような経済社会は、地方経済を担っている地域の経営者や保守的政治家も望むところではありません。上記の意見書の採択は、政治的・経済的立場は違うにしろ、この間の国の政策の転換を求め、自ら生活し、営業する地域の再生を願うという点では、幅広い共同が実現できるということを意味しています。

まだまだコロナ禍からの脱出の道は見えていませんが、どのような事態になったとしても、地域の住民が主役となった自治体や国のあり方を追求する取組みを、それぞれの属する団体・組織や地域ごとで行っていくことが必要だといえます。

注

1 速水融（『日本を襲ったスペイン・インフルエンザ』藤原書店、２００６年。
2 内務省衛生局『流行性感冒』内務省衛生局、１９２２年。
3 ベン・ワイズナー他著、岡田憲夫監修、渡辺正幸他訳『防災学原論』築地書館、２０１０年。
4 山本太郎『感染症と文明――共生への道』岩波新書、２０１１年、岡田晴恵・田代眞人『感染爆発に備える――新型インフルエンザと新型コロナ』岩波書店、２０１３年。
5 片山善博『知事の真贋』文春新書、２０２０年。
6 「自治体戦略２０４０構想」を批判したものとして、白藤博行・岡田知弘・平岡和久『「自治体戦略２０４０構想」と地方自治』自治体研究社、２０１９年参照。
7 第32次地方制度調査会答申については、榊原秀訓・岡田知弘・白藤博行編『「公共私」・「広域」の連携と自治の課題』（地域と自治体第39集）、自治体研究社、２０２１年を参照。
8 東京商工リサーチ「『飲食業の倒産動向』調査（２０２１年１―５月）https://www.tsr-net.co.jp/news/analysis/20210607_01.html」より。
9 詳しくは、岡田知弘『公共サービスの産業化と地方自治』自治体研究社、２０１９年を参照されたい。
10 墨田区の調査報告書については、https://www.city.sumida.lg.jp/sangyo_jigyosya/sangyo/other_info/COVID-19_report.html を参照。また、墨田区の中小企業振興条例にもとづく調査の具体的取組みについては、高野祐次「条例に魂を入れてきた墨田区の商工観光行政」岡田知弘他『増補版　中小企業振興条例で地域をつくる』自治体研究社、２０１３年参照。

11　和歌山県の対応については、片山善博、前掲書、96頁以下、及び高田由一「新型コロナウイルス感染症への和歌山県の対応―『これまで』と『これから』」『住民と自治』２０２０年10月号を参照。

12　保坂展人「東京都世田谷区　自治体として立ち向かう」平岡和久・尾関俊紀編著『新型コロナウイルス感染症と自治体の攻防』（コロナと自治体　1）、自治体研究社、２０２１年を参照。

13　市谷知子「鳥取県　新型コロナ対策―積極的疫学調査」平岡和久・尾関俊紀編著、前掲書を参照。

14　東川町ホームページ、https://higashikawa-town.note.jp/n/nc54b62b3ed6d、参照。

15　詳細は、岡田知弘『地域づくりの経済学入門』増補改訂版、自治体研究社、２０２０年参照。

16　『京都府職新聞』２０２１年3月10日付特集記事「住民と自治体労働者のつどい　コロナ禍の地域経済と自治体の役割を考える」参照。

17　梶川憲「京都総評『コロナ禍のもとで、働く者の暮らしも、中小企業と地域経済も守るための提案』を手に―経済団体・地域の商工会・商工会議所での懇談を力に―」京都自治体問題研究所『くらしと自治・京都』２０２１年3月号。

第２章

激甚被災地・大阪の感染被害の実相と維新政治

岐路にたつ新自由主義的改革

岡田知弘

はじめに

新型コロナウイルス感染症の日本における激甚被災地は、なんといっても大阪府だといえます。それは、前章でも明らかになったように、人口比率をはるかに上回る感染者比率という指標に留まらず、死亡者数が東京都を上回って全国最悪の人数になっているうえ、完全失業率が日本でも最悪の状況になっているからです。

なぜ、大阪府がコロナ禍において最悪の激甚被災地となったのでしょうか。また、このことと、大阪維新の会の吉村洋文知事や松井一郎市長による「大阪都」構想の実現をめざす「住民投票」（2020年11月1日実施）や、「府市広域一元化条例」の府議会・市議会での議決による大阪市の都市開発・都市計画事業の一部の大阪府への「移譲」とは、どのように関係しているのでしょうか。さらに、そのような開発至上主義的な地方政治によって、将来的に住民の命や暮らしを守り、福祉の向上をはかることはできるのでしょうか。

本章では、前章で紹介したように都道府県によるコロナ禍対策として、もっとも低い評価を受けている大阪府及び大阪市のコロナ対策の問題点を、地域経済学の視点から分析してみたいと思います。そこには、大阪に限らず、この間の新自由主義的構造改革にともなう公務員削減と市場化・民営化政策の展開によって「儲かる自治体」づくりに傾斜してきた多くの自治体に共通の問題点が典型的に現れているといえます。コロナ禍の下での地域産業再建への考え方と併せて、第1章を補う形で述べていきたいと思います。

1　コロナ禍のなかでの第2次住民投票に至る経過

(1)「大阪モデル」と住民投票実施の表明

新型コロナウイルス感染症の第1波が初の緊急事態宣言の下で「収束」し始めたかのように見えた2020年5月5日、吉村洋文大阪府知事は、政府に宣言解除を求めるために、意気揚々と「大阪モデル」なるものを発表し、いち早く経済活動再開に力点を置くことを表明します。全国の知事に先駆けて「大阪モデル」を発表し、経済活動再開に向けたシナリオを明確化したことで、関西だけでなく全国のマスコミが連日報道しました。[*1]

もっとも、この時「大阪モデル」で採用された3指標については、大阪府の専門家会議座長を務めた朝野和典大阪大学教授自身が「サイエンスとしての正確性には自信がない」と正直に述べた代物でした(『日本経済新聞』2020年5月6日付)。

「大阪モデル」が発表された頃、吉村人気は全国規模で高まっていました。新たな感染者がそれほど増えていないなかで、6月10日、松井大阪市長は「今の状態であれば、(大阪都構想をめぐる住民投票を)11月1日目指してやりたい」と投票日の具体的日程まで明らかにしたのです。

(2) 思い付き記者会見の連続

ところが、2020年6月16日に府県間移動の自粛要請が解除されるとともに、大阪府内の感染者数は4月9日に記録した第1波のピーク92人をはるかに超えて増えていきます。8月7日にはとうとう過去最多の255人を記録するに至ります。7月31日から8月7日までの1週間の感染者の増加数は、東京都に次ぐ1339人に達したのです。

感染者数が急増局面にあった8月4日、吉村知事、松井市長がうち揃って、異様な記者会見を行いました。机の前に、イソジンなどのうがい薬のパッケージを並べて、「ポビドンヨードによるうがい薬がコロナに効く」と、科学的根拠が立証もされていないのに、自信満々に発言したのです。その直後から、薬局・薬店での買占め、転売、さらにうがい薬メーカーの株価の高騰が始まり、医学関係者からは強い疑念の声があがりました。大阪府保険医協会からは、医療現場において、消毒液の不足による深刻な事態が起きているとの悲痛な声明が発せられました。

この記者会見は、感染者数の急増により、11月の住民投票が危うくなってきている状況の下で、投票実施に向けて情勢を打開するための一手だという評価が巷間に広がりました。「大阪都」構想実現のためには、なんでも活用する政治主義的な手法は、橋下徹代表時代以来の大阪維新の会の常套手段でもありました。けれども、今回はその狙いは見事に外れたといえます。

政治手段のひとつとしてコロナ禍やうがい薬、あるいは「雨合羽」や「大阪発のワクチン開発」などの「思い付き」が記者会見やワイドショーで使われてきたことと併せて、このうがい薬騒動を見ていると、「大阪都」構想の危うさと同質の問題があるように思います。どちらも、科学的根拠なしに、都合のいい事例をもとに、効果があると宣伝し、その正当化を図ろうとしているからです。むしろ、どちらも、副作用の方が懸念されるといえます。

2　コロナ禍による人的・社会経済的被害の拡大

(1)　人的な健康被害の実相

けれども、吉村知事らの期待に反して、経済活動再開とともに、大阪府内の感染者数と死亡者数は、再び増加していくことになります。**表1**は、２０２０年1月から21年6月18日までの期間を4期に分けて区分し、感染者数と死亡者数の推移を、東京都・愛知県と比較したものです。各期は、日本全体の感染者数増加の第1波から第4波に相当し、その始期から終期までの累積値を示しています。

２０２０年1月1日現在の人口構成比と比較すると、住民投票前にあたる20年夏の第2期において、大阪府の感染者数は第1期に比べ大きく増加し、全国の感染者数に占める比率は、人口比（6・9％）の2倍弱にあたる13・5％、さらに死亡者数に至っては3倍弱の18・1％に達しました。しかも、大阪府市一元化条例の制定と具体化に府市政の重点を置いていた第4期においては、東京都をはるかに上回る死亡者数を記録し、6月18日時点で大阪府の死亡者数の合計値は２５８４人に達し、東京都の２１９２人をはるかに超えてしまったのです。

深刻なのは、**図1**で示した死亡率（各期ごとの感染者数に対する死亡者の比率）です。第1期においては、大阪府は全国平均を下回っていましたが、第2期と第4期では、全国平均も、東京都・愛知県のそれも上回りました。とりわけ第4期では、２・６％を超える突出した死亡率となってしまったのです。

次に、第3波の拡大期にあたる２０２０年年末から21年の年始にかけての検査・医療体制を示す指標を、**表2**で見てみます。これも、感染者数が多い東京都、大阪府、愛知県の三大都府県で比較したものです。大阪府の人口千人当たりＰＣＲ検査数は全国平均を上回るものの、東京都を下回り、決して十分になされていたとはいえない状況です。また、陽性率も10％であり、市中感染度が54％と過半を超えるわりに、感染者の捕捉が立ち遅れていたことがわかります。人口10万人当りの療養者数及び重症患者確保病床使用率も東京都や愛知県を上回って、ステージⅣとなっていたのです。他の大都市自治体と比べて検査・医療体制が逼迫していたことがわかりますし、このあとに続く第4波において病床使用率が90％を超えてしまい、入院できない感染者が次々に亡くなっていく「医療崩壊」が現実のものとなってしまったのでした。

さらに問題なのは、政府及び大阪府が、ともに感染状況の把握を大阪府合計でとらえていることです。これでは、感染度合いの地域的不均等性を詳細に知ることができず、住民が生活や仕事をするうえで参考にはなりません。**図2**は、大

人口構成比 2020/1/1
100.0%
10.8%
5.9%
6.9%
人口構成比 2020/1/1
100.0%
10.8%
5.9%
6.9%

での累積値。
月18日まで

表1　新型コロナウイルス感染者数及び死亡者数の推移

	感染者数実数					感染者数構成比			
	第1期	第2期	第3期	第4期	累積値	第1期	第2期	第3期	第4期
全国計	16,607	63,511	363,180	336,134	779,432	100.9%	100.0%	100.0%	100.0%
東京都	5,217	19,626	89,997	53,481	168,321	31.7%	30.9%	24.8%	15.9%
愛知県	507	4,672	21,138	23,852	50,169	3.1%	7.4%	5.8%	7.1%
大阪府	1,782	8,551	37,761	54,129	102,223	10.8%	13.5%	10.4%	16.1%
	死亡者数実数					死亡者数構成比			
	第1期	第2期	第3期	第4期	累積値	第1期	第2期	第3期	第4期
全国計	886	653	6,968	5,853	14,360	100.0%	100.0%	100.0%	100.0%
東京都	302	97	1,162	631	2,192	34.1%	14.9%	16.7%	10.8%
愛知県	34	49	560	366	1,009	3.8%	14.9%	8.0%	6.3%
大阪府	82	118	950	1,434	2,584	9.3%	18.1%	13.6%	24.5%

資料：厚生労働省発表データ。
注：第1期は2020年1月15日から5月29日までの累積値。第2期は5月30日から9月25日ま
第3期は9月26日から2021年3月12日までの累積値。第4期は2021年3月12日から6
の累積値。

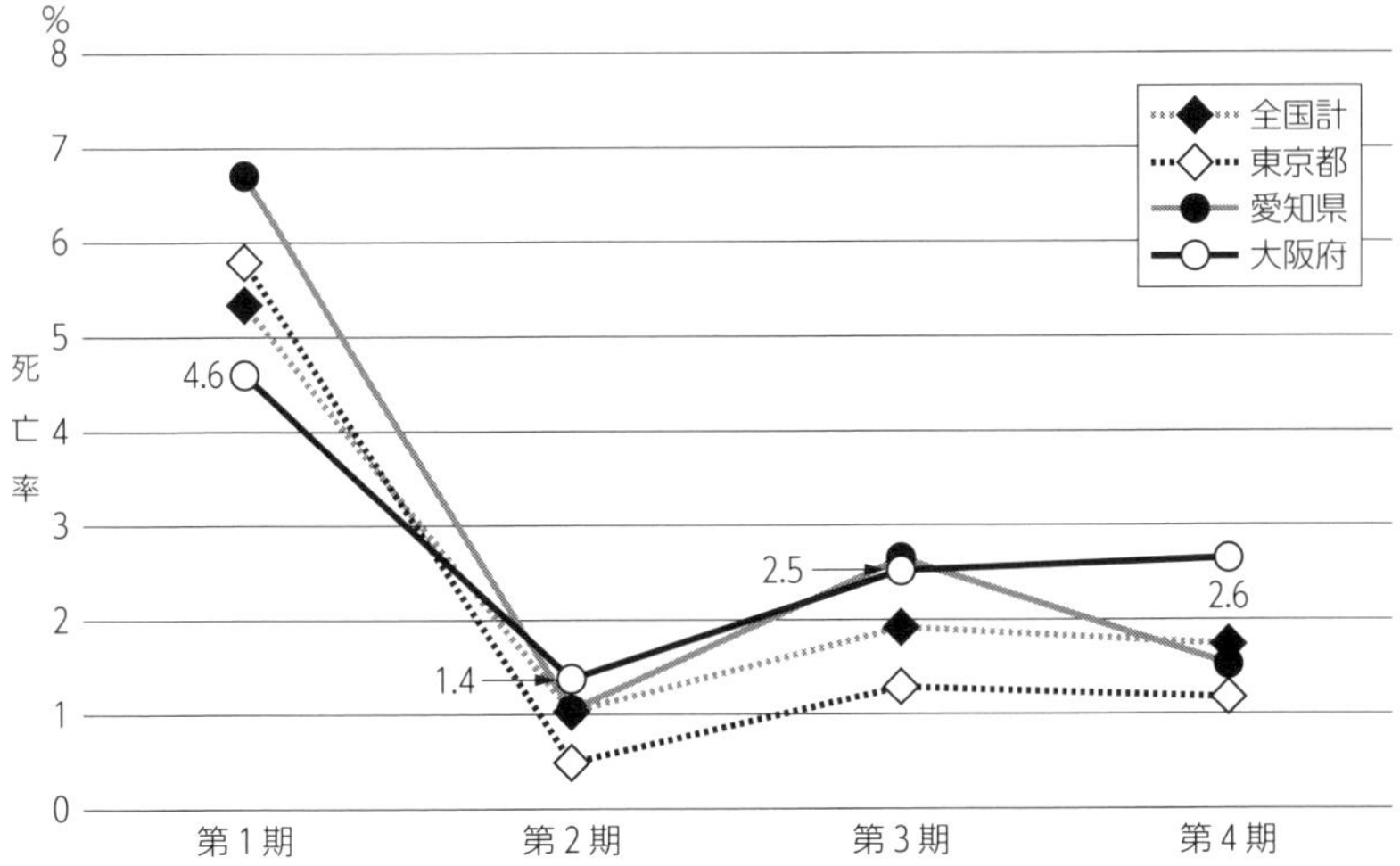

図1　都府県別死亡率の推移

資料：表1と同じ。死亡率は、同期の感染者に対する死亡者の比率。

表 2　主要都府県の検査・医療供給状況

	人口千人当り PCR 検査数（1 月 3 日までの 1 週間）	陽性率（1 月 3 日までの 1 週間）	感染経路不明な者の割合（1 月 3 日までの 1 週間）	人口 10 万人当り療養者数（12 月 29 日時点）	重症患者確保病床使用率（12 月 29 日時点）
東京都	3.1	14.1	46	95	76
愛知県	1.4	13.7	40	33	38
大阪府	2.1	10.0	54	56	65
全国平均	1.7	11.0	48	27	31
ステージⅢ	—	10	50	15	25
ステージⅣ	—	10	50	25	—

資料：「新型コロナウイルス感染症対策分科会（第 21 回）」（2021 年 1 月 8 日）会議資料から作成。

注：分科会では、ステージⅢは「急増」及びⅣは「爆発」状況としている。

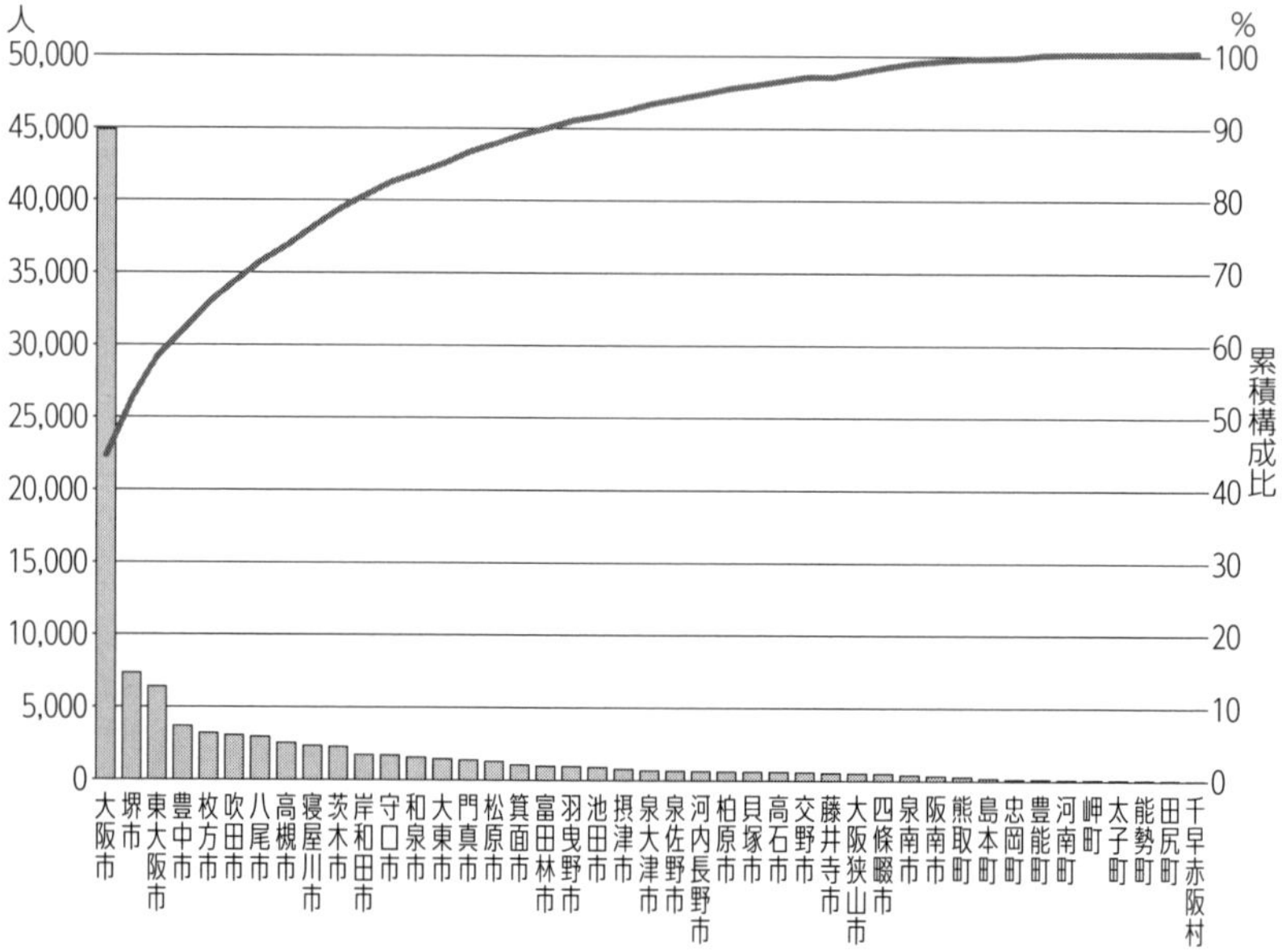

図 2　大阪府内市町村別感染者の分布（21 年 6 月 25 日）

資料：大阪府ホームページから。

阪府発表の感染状況データをもとに市町村別感染者の分布を示したものです。大阪市の感染者数が全体の44％であり、堺市を入れると過半を占めています。国内感染者の大都市圏への集中と同様の大阪府内部での大都市及びその近郊の衛星都市への感染者の集中と、他方での北部や南部の町村部での感染者数の少なさが際立っています。府一本の施策がいかに乱暴なものであるかがわかります。韓国などで公表されている詳細な地図情報までいかなくとも、せめて二次医療圏や通勤圏単位で感染者数、死亡者数の発生・拡大・収束状況を正確に把握して、基礎自治体の政策決定を行う必要があることを示していますが、そのような実態に即したきめ細やかな施策はなされていません。*2

⑵ 社会的被害の拡大

政府が、２０２０年4月7日に緊急事態宣言を発出し、「補償なき休業要請」を行うなかで、中小企業を中心に経営や雇用を持続させることが困難になっていきました。吉村知事は、いち早く上限百万円の「休業要請支援金制度」を開始すると宣言しましたが、6月に入っても支給されたのは、申請企業の2割に留まっていました（Ｙａｈｏｏニュース、２０２０年6月9日）。政府による持続化給付金制度も運営委託問題で遅れる中で、現場の中小企業に行きわたるまで、多くの時間を要しました。

また、政府が２０２０年4月に決定した、1人当たり10万円の特別定額給付金の給付も、大阪市は全国の政令市で最も遅れ、同年6月下旬時点でわずか3％台に留まっていました。さらに、２０

２１年1～3月期の緊急事態宣言発令にともなう飲食店への時短協力金の支払いが、21年6月に入っても大阪府は6割強に留まり11都道府県のなかでも最低であることが明らかになりました。この原因は、申請受付・給付業務をパソナに丸投げしたことによるところが大であると報道されています（『朝日新聞』２０２１年6月13日付）。このことも、中小企業に打撃を与えることになりました。

こうした大阪府・市の政策対応のまずさも加わって、二次被害が広がったといえます。帝国データバンクが集計しているコロナ関連倒産件数は、２０２１年6月25日時点で全国１６５６社に達していますが、そのうち最も多いのが東京都の３８５社であり、大阪府はそれに次ぐ１６８社でした（https://www.tdb.co.jp/tosan/covid19/index.html、２０２１年6月25日閲覧）。比率でみると、１割を超えていました。

中小企業を中心に倒産、廃業、休業が増えるなかで、休業者や失業者も増えていきました。図3は、労働力調査を基に、大阪府内の完全失業率の推計値の動向を、全国及び近畿のそれと比較したものです。コロナ禍前も大阪府の完全失業率は、全国と比べて０・５ポイント前後高い水準でしたが、コロナ禍を経て２０２１年1～3月期は３・９％と全国平均を１・１ポイントも上回っていたことがわかります。これは、沖縄県を超え、全国最悪の数値でした。

『読売新聞』２０２０年5月31日付によれば、4月時点で、大阪市では対前年同月比37％増の生活保護申請がなされ、その件数は１２００件を優に超えており、住民の生活保障問題が大きな問題になっていることが推察されます。

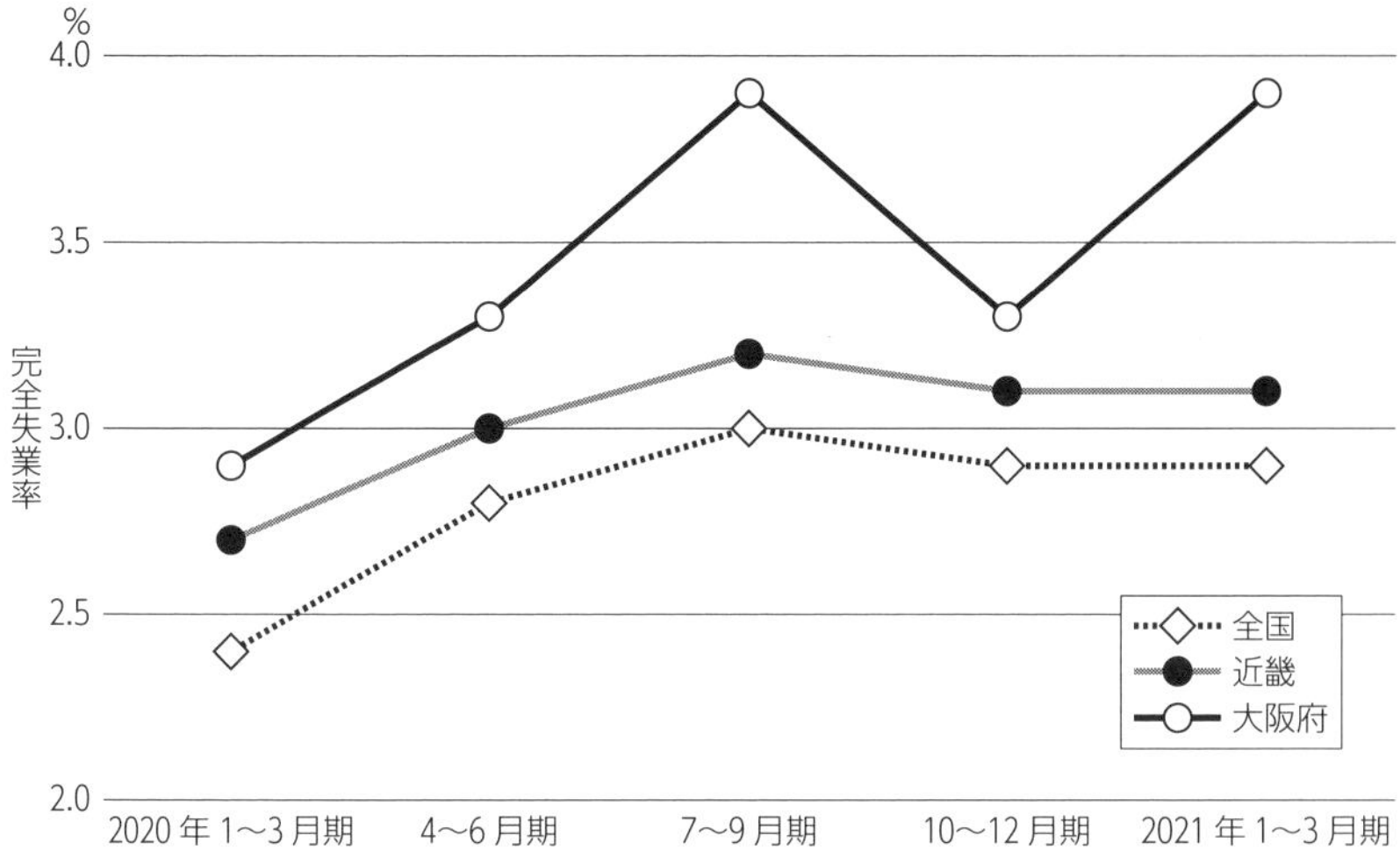

図 3　大阪府・近畿・全国の完全失業率の推移

資料：大阪府「労働力調査地方集計結果」。

本来の自治体ならば、このようなコロナ禍に対して、防疫・医療体制の再構築と併せて、二次被害ともいえる産業・生活破壊に対するきめ細かな政策を地道にすすめるべき1年半だったといえます。ところが、大阪府・大阪市とも、トップは「大阪都」構想をめぐる住民投票に力点を置いた姿勢をとり続け、そこに公務員は貴重な時間と予算、労力を費やしてしまい、大きな社会的損失や負担を住民に強いたといえます。

ちなみに、第1章でも述べたように、各都道府県によるコロナ対策の効果を定量的な指標を用いて分析した濱岡豊慶應義塾大学教授によると、２０２１年3月末日までのデータ分析の結果、偏差値が最高レベルに達したのは鳥取県であり、逆に最低レベルだったものが大阪府でした。同教授は、論文のなかで、「吉村知事はメディアに登場し『まん延防止等重点措置』の要請、

『大阪市での聖火リレー中止』などを訴えているが、事態が悪化する前の迅速な対応が重要であることを繰り返しておきたい」と特記しているほどです。[*3]

3 「大阪都」構想で大阪の「成長を加速」させられるか

(1) 「維新政治」のなかで「成長」もしていない大阪

では、なぜ、大阪維新の会は、コロナ禍が広がるなかでも、「大阪都」構想を優先しようとするのでしょうか。大阪市が、2020年8月12日に更新した「なぜ特別区制度が必要なのか」と題するホームページ（https://www.city.osaka.lg.jp/fukushutosuishin/page/0000427538.html）によると、同年11月1日に再度住民投票にかける「大阪都」構想は、「特別区制度」と表現されるもので、「大阪府・大阪市を再編して、広域行政は府に一元化し、基礎自治行政は大阪市をなくして4つの基礎自治体（特別区）を設置するものです」と定義されています。そして、「今後、この成長の流れを止めることなく、また、その成長した果実を住民の皆さんに還元していくためには、大阪の成長をよりスピーディに進める体制づくりと、住民の皆さんに身近なことは身近で決めることができる仕組みづくり」が「めざす方向」とされます。もっとも、ここで「この成長の流れ」としているものは、この間、大阪府・市が取り組んでいた、カジノ誘致、大阪万博、リニア新幹線のイメージであり、それまでの維新府市政による実績ではありません。

表３　大阪府内総生産及び所得の推移（2007年度～16年度）

（単位：百億円）

	2007年度	2016年度	増減額	増減率
府内総生産	3,996.6	3,899.5	-97.1	-2.4%
府民所得	2,863.6	2,699.3	-164.3	-5.7%
雇用者報酬	1,890.6	1,915.0	24.4	1.3%
賃金・俸給	1,579.3	1,582.7	3.5	0.2%
財産所得	220.3	157.2	-63.2	-28.7%
企業所得	752.6	627.2	-125.5	-16.7%
民間法人企業所得	490.4	381.6	-108.9	-22.2%
個人企業所得	233.5	225.9	-7.6	-3.2%

資料：内閣府「県民経済計算」から作成。

けれども、２００８年に橋下徹氏が大阪府知事に就任して以来、大阪府・大阪市とも、「成長」しているかといえば、中山徹奈良女子大学教授が指摘しているように、そのような事実はありません。[*4] ちなみに、維新政治が始まる２００７年度から16年度までの大阪の府内総生産と府民所得の動向を表３で見ると、逆に、「成長していない」ことが明らかとなります。府内総生産はマイナス２・４％ですが、その総生産のうち大阪府内の企業や個人に再分配される府民所得は、５・７％の減少となっているのです。ちなみに、府民所得は、雇用者報酬と財産所得、企業所得に分けられますが、増えているのは雇用者報酬のプラス１・３％であり、これとても役員報酬を除く賃金・俸給部分になるとわずか０・２％増にすぎません。他の項目は、民間法人企業所得や個人企業所得、つまり府内の大企業及び中小企業、個人企業所得とも減少しているのです。

(2)「大阪都」構想によって財源を集中して大規模開発へ

ところが、以上のような事態に陥った原因の科学的究明を行うことなく、「大阪都」構想を推進する大阪市副首都推進局は、広域開発を推進する大阪府と、財源をもっている大阪市が統合して「一つの司令塔」をもつことで、リニアや鉄道・高速道路網が整備され、大阪万博や統合リゾート（IR）を実現し、一層の「経済成長」ができるという主観的な絵を描いているのです。

大阪維新の会が「大阪都」構想の実現を急ぐ理由は、大規模開発のための資金確保にあると考えられます。森裕之立命館大学教授が、たびたび指摘しているように、大阪府と大阪市が統合しても、国からの地方交付税が増えるわけではなく、大阪市を廃止し4特別区にすることで従来の大阪市の財源の23％が、大阪府の開発財源に移るだけの話です。それだけ、大阪市民の本来受け取るべき財源が減額されるということにもなるわけです。*5

しかも、開発財源が一本化されることで、事業規模も大きくなり、リニア新幹線や、万博会場の整備なり、統合リゾートの誘致のための財源が大阪府内企業に循環する可能性はほとんどありません。加えて、コロナ禍で国際的リゾート・カジノ資本も経営が悪化しているだけでなく、国内外の観光客の回帰は、見通しすらつかない状況です。

(3) スーパーシティ構想に群がる企業群

万博予定地とされている夢洲《ゆめしま》地区で構想されているもう一つの重大事業が、大阪スーパーシティ構想です。スーパーシティ構想は、コロナ禍の下での2020年通常国会のなかで、財界の意向によって成立した改正国家戦略特区法に基づく事業です。ある地区内での行政がもっている医療、福祉、教育、住民票等の個人情報や民間企業の有する、交通、通信、買い物等のビッグデータを民間企業の経済活動に提供するという事業であり、住民の個人情報の侵害が危惧されるものです。これも、住民投票によって「合意」を諮るとされていますが、その単位が特別区なのか、あるいは大阪府なのかもまだ決まっていません。[*6]

この大阪スーパーシティ構想には、外資系情報企業や、広告、自動車、旅行、運輸、医療、建設、リース等に関わる東京本社系企業が関心を寄せており、実際、２０２０年に開催された大阪スーパーシティ・カンファレンスは、ＪＴＢ系企業によって主催され、マイクロソフト、ドコモ、凸版印刷、大林組等の企業が名を連ねています（https://www.supercitysmartcity.com/）。

仮に万博やＩＲカジノが実現したとしても、その利益は、府民に行きわたるどころか、関西空港の二の舞となって、府外への富の流出と住民負担の増大につながる可能性の方が大きいといえます。[*7]

4　なぜ、住民の安全も暮らしも守れないのか

(1)　コロナ禍が炙り出した維新政治の負の遺産

大阪維新の会は、大阪府と市を合体することで司令塔を一本化して「さらなる経済成長」を達成するとして、徹底した公共サービスの解体と市場化を推進してきました。コロナ禍は、その新自由主義的な改革の帰結を鋭く炙り出したといえます。

その代表例が、公衆衛生・公立病院分野における維新政治による行政改革です。とりわけ橋下徹元知事自身が「僕が今更言うのもおかしいところですが、大阪府知事時代、大阪市長時代に徹底的な改革を断行し、有事の今、現場を疲弊させているところがあると思います。保健所、府立市立病院など。そこは、お手数をおかけしますが見直しをよろしくお願いします」としたうえで、「有事の際の切り替えプランを用意していなかったことは考えが足りませんでした」と2020年4月3日のツイッターで認めているのです。

国の特別定額給付金の給付が大阪市で著しく立ち遅れた主因のひとつも、職員削減の一方で市場化を進めたところにありました。大阪市は、給付業務を凸版印刷とＪＴＢのジョイントベンチャーに委託する手法を採りました。その事務センターの業務が電源容量不足で滞ったことが原因であったと指摘されています（日経ＸＴＥＣＨ、2020年7月21日配信記事）。ちなみに、凸版印刷とＪＴＢは、どちらも大阪市で開催されたスーパーシティ・カンファレンスに深く関与している東京系企業です。大阪府でも、公共サービスの市場化を早くから推進し、徴税業務や図書館業務を外資系企業や東京系企業に発注してきました。安定的な雇用が減る一方、所得の府外移転が促進されたうえ、公共サービスの安定的な提供に支障をきたす事態をつくりだしてきたといえます。*8

(2) 地域産業とくらしの底割れ

また、大阪市内の産業とくらしを担う事業所数の推移を、表4で見ると、従業者数300人以上の最大規模の事業所数を除いて、小規模事業を初めとしてすべて減少してきていることがわかります。これは、橋下知事時代の大阪府の行財政改革によるところも大きいといえます。当時、橋下府政の下で、教育、医療・福祉、男女共同参画費、府営住宅予算とともに、中小企業向けの制度融資預託金を大幅削減したのです。「選択と集中」によって、為政者が、主観的に「成長企業」であると判断したところに手厚くする政治手法ですが、その結果、大阪の地域経済は底割れしたままとなっているのです。

そもそも大阪経済の衰退や財政危機は、大阪府と大阪市の「二重行政」によるものではありません。１９８０年代以来の経済のグローバル化の結果、大阪経済を担ってきた製造業が衰退したうえ、２０００年代初頭の金融大再編によって大阪に本拠をおく住友・三和グループが解体・再編され、東京に本社・中枢機能を移したことが歴史的要因でした。加えて、関西新空港やＡＴＣ（アジア太平洋トレードセンター）、ＷＴＣ（大阪ワールドトレードセンター）といった巨大プロジェクト開発で「活性化」しようとしましたが、受注企業の多くは東京や海外企業であり、大阪経済を潤す

表４　大阪市の民営事業所数と従業者数の推移（2009〜16年）

		2009年	2016年	増減数	増減率
事業所数（件）	1〜4人	120,579	98,275	▲22,304	-18.5%
	5〜29人	73,931	67,108	▲6,823	-9.2%
	30〜99人	10,143	10,058	▲85	-0.8%
	100〜299人	2,276	2,121	▲155	-6.8%
	300人以上	632	641	9	1.4%
従業者数（人）	1〜4人	268,437	216,810	▲51,627	-19.2%
	5〜29人	787,892	737,164	▲50,728	-6.4%
	30〜99人	508,687	501,280	▲7,407	-1.5%
	100〜299人	363,131	340,296	▲22,835	-6.3%
	300人以上	436,069	413,862	▲22,207	-5.1%

資料：総務省「経済センサス」。

どころか巨額の借金を残したのです。

大阪府や大阪市が、大規模プロジェクトやスーパーシティ構想に行財政支出をすればするほど、それらの貴重な財源の府外流出が促進され、住民生活を支える中小企業だけでなく、在阪の中堅企業の発展が困難となり、住民のなかでの格差と貧困が広がるだけです。

5 大阪の地域経済社会再生の基本方向

⑴ 大阪の地域経済・社会の再生方向

では、住民投票によって「大阪市の解体」をストップさせるなかで、大阪市の自治体としての力を活用して、地域経済・社会を持続させるためには、どのような再生の方向が必要なのでしょうか。それは、これまでの大阪衰退の原因分析によって、半ば明らかになっているといえます。

まず、大阪府外資本の利益にはなるものの、大阪府民や市民のためのコロナ禍対策を弱めるだけのカジノや万博、スーパーシティ構想といった開発構想を止めることです。そのためには、新自由主義的な改革を追求してきた維新政治を根本的に転換する必要があります。それが住民の命と生活を守るために、必要不可欠なことだといえます。そして、公衆衛生・公的病院体制を再構築し、大阪市や現状の区の行財政権限と住民自治機能を強めて、大阪経済の圧倒的部分を担っている中小企業群の地域内再投資力を高め、地域内経済循環を創出し、主権者である住民の福祉の向上を図ることだといえます。

(2) 中小企業振興基本条例の実効性を高める

大阪府内の地域経済、社会、文化、国土を支え、創造する最大の主体は、圧倒的に地元中小企業、農家、そして医療・福祉等のサービス施設であり、多額の予算と職員をもつ地方自治体です。

2016年の「経済センサス」によれば、大阪府内の企業数の99・6%、同従業者数の66・9%が診療所や福祉施設を含む中小企業であり、彼ら、彼女らが、地域における社会的活動やコミュニティの担い手、あるいは祭りや伝統芸能など地域文化の担い手、さらに地域防災の担い手としての役割を果たしています。

大阪府と市には議員提案により制定された中小企業振興基本条例があります。しかし、残念ながらそれが第4章の帯広市のように機能しているとは言い難い実情があります。コロナ禍の中でその実効性を高めることが求められています。

したがって、中小企業や農家、協同組合の地域内再投資力を高めることが、地方自治体としてもっとも基本的な地域産業政策の方向となりますし、その場合、生産者から消費者にいたる地域内産業連関をつくり、地域内経済循環の流れを強く、太くすることが何よりも効果があります。[*9]

おわりに

今から百年前のスペイン・インフルエンザでは、国内で40万人超の死亡者がでました。しかし、この時、大阪をはじめ全国でコメ騒動、婦人参政権獲得運動、労働組合運動をはじめとする大正デモクラシー期の社会運動が活発化し、寺内正毅《てらうちまさたけ》藩閥内閣は倒れ、憲政史上初の政党内閣である原敬《はらたかし》内閣が誕生することになりました。同政権の下で都市計画、社会政策の本格的展開が始まります。そこでは、11人の子ども全員が感染した与謝野晶子（大阪府堺市出身）が「私達は飽迄も『生』の旗を押立てながら、この不自然な死に対して自己を衛ることに聡明でありたい」と『横浜貿易新報』（1920年1月25日付）に書いたように、生存権尊重の主張があったことに注目したいと思います。これが源流となり、戦後憲法の生存権、幸福追求権の条項につながっていったといえます。明治憲法下においても、民衆が声をあげることによる政治や社会の変革がなされたわけです[*10]。

大阪でも高度成長期の公害問題を機に、公害反対運動や自治体を住民のものにする住民運動、革新共闘の運動が広がり、1971年に黒田了一《くろだりょういち》革新府政が誕生したという歴史があります。この革新府政下で、大阪維新の会が「改革」「廃止」の対象とした多様な住民福祉向上の独自施策を立案、実施していったのです。

いま、再び、憲法を暮らしの中に生かし、国や自治体を、少数の大企業のものではなく、主権者である国民、住民のものにする社会運動の広がりが必要になっているのではないでしょうか。

注

1　このような政治手法についての批判については、片山善博『知事の真贋』文春新書、２０２０年参照。ここで片山氏は、吉村知事らの大阪都構想推進姿勢について、「理解に苦しむ『大阪都構想』」として厳しく批判しています。

2　片山義博「コロナ対策　知事が選択権を」（『京都新聞』２０２１年5月25日付）が、同様の指摘をしています。

3　濱岡豊「ＣＯＶＩＤ―19対策の諸問題（４）　都道府県による対策の評価試論」『科学』２０２１年5月号。

4　中山徹「大阪都構想・カジノへの対案」大阪自治体問題研究所編『「都構想」で大阪市はなくなります』２０２０年参照。

5　森裕之「『大阪都構想』の財源問題」前掲書、２０２０年参照。

6　この間のデジタル改革を軸にした地方制度改革やスーパーシティ構想の問題点については、岡田知弘「瀬戸際の地方自治―企図される惨事便乗型の制度改革」『世界』２０２１年1月を参照。

7　関西空港をはじめとする大阪での大規模開発の失敗については、岡田知弘『地域づくりの経済学入門』増補改訂版、自治体研究社、２０２０年参照。

8　岡田知弘「『地域主権改革』と地域経済・暮らしのゆくえ」大阪自治体問題研究所『「地域主権改革」と地方自治』大阪自治体問題研究所研究年報、第13号、２０１０年参照。

9　地域内再投資力と地域内経済循環の詳細については、岡田知弘、前掲書、２０２０年を参照。

10　岡田知弘「災害と復興・祝祭をめぐる時間と空間の弁証法」『唯物論研究年誌』第25号、２０２０年10月、参照。

第３章

中小商工業者をどう支えるのか

宮津友多

はじめに

政府の「新型コロナウイルス感染症対策の基本的対処方針」（2021年5月28日）によると、2020年1月15日に日本国内で最初の新型コロナウイルスの感染者が確認されてから2021年5月26日までに、感染者は72万6912人、死亡者は1万2597人に上っています。感染者に対する死亡者の割合は1・7％となります。民主商工会（民商）に所属している事業主とその家族、従業員らが加入している全国商工団体連合会（全商連）共済会のデータでは、新型コロナウイルスの罹患者は、2020年10月から始まったＧｏ Ｔｏイート事業以降に急激に増えています（詳細は4節参照）。菅義偉《すがよしひで》政権が固執したＧｏ Ｔｏ事業の効果は、大手企業に偏るだけでなく、2度目の「緊急事態宣言」の発令とその延長へとつながる感染拡大を引き起こしました。そして、変異型ウイルスの猛威によって「まん延防止等重点措置」の適用地域が広がり、3度目の「緊急事態宣言」が発令されました。

1節で触れる通り、中小商工業者の売り上げと利益の状況は、新型コロナパンデミック宣言（ＷＨＯ＝世界保健機関、2020年3月11日）から1年が経過した2021年3月に中小商工業研究所が実施した「営業動向調査」で、厳しさが依然として続いていることがみてとれます。日本国内における新型コロナウイルス感染症対策として繰り返されてきた営業時間の短縮要請により、飲食業は危機的な経営状態に陥っています。

政府は2021年2月、新型コロナ禍で苦境に直面する中小商工業者の経営維持に重要な役割を果たしてきた2つの直接支援策[*1]――減収（売上減少）補塡の性格を有する持続化給付金と、固定費（家賃）を補助する目的の家賃支援給付金[*2]――の受付を終了しました。感染症拡大を引き起こし、この2つの直接支援策を打ち切った菅政権の責任は極めて重いと言わざるを得ません。

現状（2021年6月1日執筆時点）において、「まん延防止等重点措置」の適用地域と「緊急事態宣言」の発令地域（北海道、東京都、大阪府、京都府、兵庫県など9都道府県）、それ以外の地域、あるいは業種や売り上げの減少割合によって、支援を受けられる事業者と受けられない事業者が生まれています。不十分な支援策の下で、行政措置（「緊急事態宣言」や「まん延防止等重点措置」）が繰り返されれば、事業継続を断念する「最後の一押し」となりかねません。

新型コロナウイルス感染症拡大が全国的な広がりをみせているなか、特定の業種を対象とした直接支援策ではなく、全国の中小商工業者を対象とした持続化給付金や家賃支援給付金を改善して、再度実施することが待たれています。

本稿は、以下の順で議論を進めていきます。

まず、1節で、「営業動向調査」から新型コロナ禍の中小商工業者の経営の実態を捉えます。2節では、直接支援策の役割と課題について検討します。中心的には、中小商工業者の決算資料をもとに、持続化給付金が減収補塡にどれほどの役割を果たしたかをみていきます。ここで持続化給付金に焦点をあてる理由は、この給付金が全国の中小商工業者を対象にして、その減収を補塡するという、これまでにはなかった性格を有する直接支援策であり、支給件数がとりわけ多かったためです。持続化給付金を改善したうえで再度実施することが必要であると考えています。その際に検討課題となる論点を提示したいと思います。

全商連は、自治体による中小商工業者向けの支援策の役割に早くから注目してきました。2020年8月28日から約1カ月間をかけて、1788の全自治体を対象に、中小商工業者向けの支援策に関するアンケートを実施しました。3節では、そのアンケート結果から、自治体独自の直接支援策等の積極面をみていきます。

4節では、一部の自治体で、国民健康保険（公的医療保険制度の1つ）に加入している個人事業者にまで支給対象を広げた「傷病手当金制度」と「一時金制度（傷病見舞金）」（新型コロナウイルスに罹患し休業した個人事業主へ支給する手当金・見舞金）の特徴をみていきます。これらの制度を創設していく意義を考えたいと思います。

中規模企業・小規模事業者は、日本国内の全企業数の99・7％（中規模企業は約53万者、小規模事業者は約304・8万者）を占め、そこで働く従業者は全体の約70％（中規模企業で働く従業者は2176万人、小規模事業者で働く従業者は1044万人）に上ります（『2021年版中小企業白書』）。このように中規模企業・小規模事業者は地域経済の担い手であり、雇用を創出する大切な役割を担っています。新型コロナ禍において中規模企業・小規模事業者の休廃業や倒産が増え続けると、地域経済と雇用維持に深刻な影響を及ぼします。中小商工業者の経営を支えるための支援策を継続的に実施していくことは、個別企業の経営支援にとどまらず、持続可能な地域経済づくりにとっても欠かせません。

1　新型コロナ禍の中小商工業者の経営困難の実態

本節では、新型コロナ禍で中小商工業者の経営がどのような状況になっているかを、中小商工業研究所が実施している「営業動向調査」で確認します。「緊急事態宣言」と「まん延防止等重点措置」で時短営業の要請対象となってきた飲食業の経営実態もみていきます。

(1)　全業種における売り上げと利益の状況

「営業動向調査」は年2回（3月と9月）、民商の会員事業者の営業状況を分析するために行っています。建設業や製造業、流通・商業、宿泊業、飲食業、サービス業など36業種に分類し、売り上げや利益といった経営指標の変化を把握しています。最新の2021年3月の調査では、事業規模（事業主を含む全従業者数）は、「1人」20％、「2～3人」42％、「4～5人」17％、「6～9人」13％、「10人以上」8％となっています。本稿における中小商工業者とは、このような小規模事業者を指します。

グラフ1　売上比較［全業種］

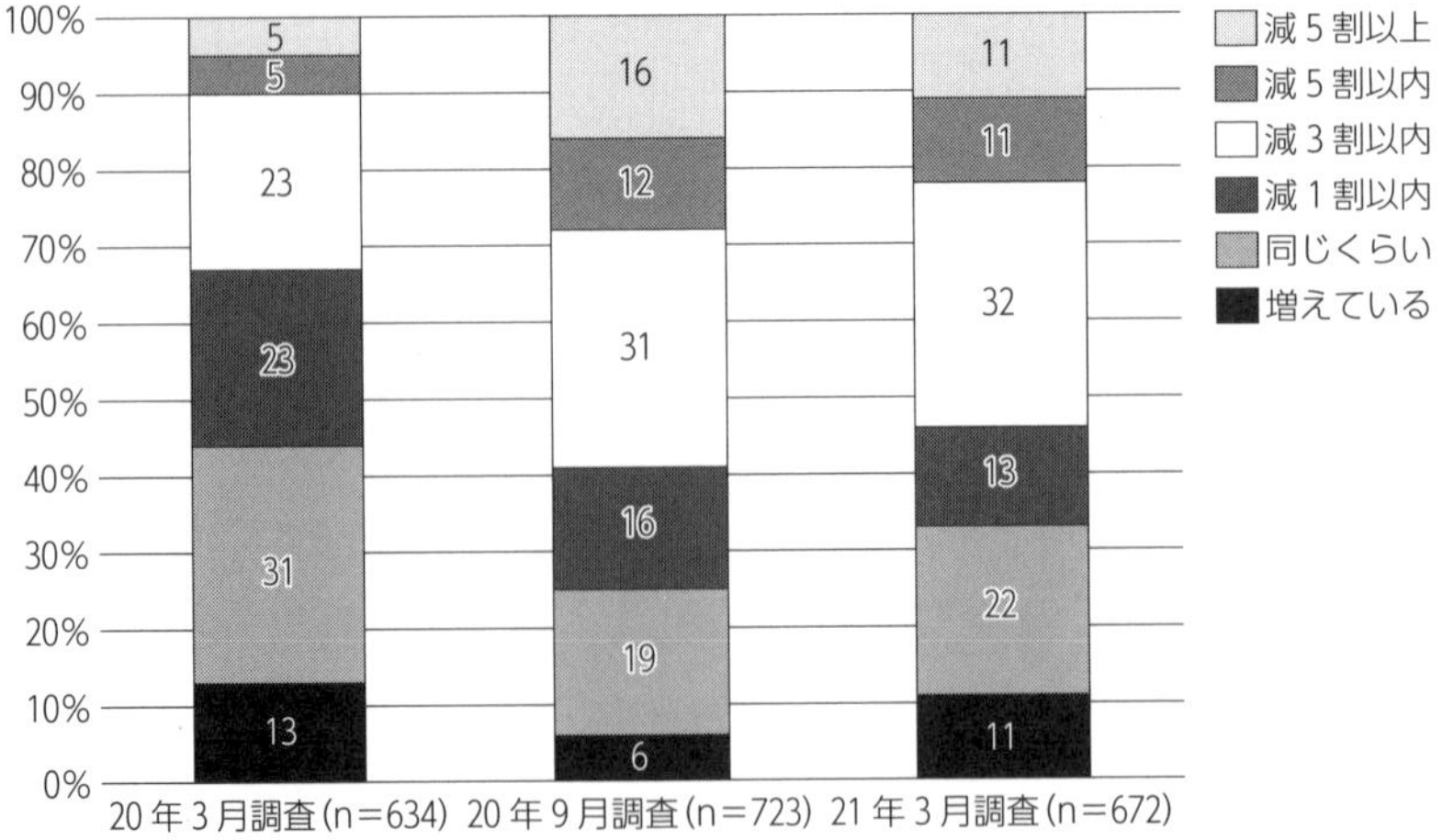

注：前年同期と比べて売り上げが「増えている」「同じくらい」「減1割以内」「減3割以内」「減5割以内」「減5割以上」の割合を示しています。
出所：営業動向調査より筆者作成。

グラフ1は、1度目の「緊急事態宣言」が発令される直前に行った20年3月調査と、その半年後の20年9月調査、1年後の21年3月調査における、全36業種の売り上げの状況を示しています。20年3月調査から20年9月調査にかけて、前年同期と比べて「減3割以内」（23％→31％）と「減5割以内」（5％→12％）、「減5割以上」（5％→16％）が急激に増えています。これは、「緊急事態宣言」の発令による外出自粛や営業自粛の要請が影響し、国内での消費が著しく減退したことによるものです。この売り上げの落ち込みは極めて深刻なものであったといえます。

20年9月調査から21年3月調査にかけては、「減5割以内」（12％→11％）と「減5割以上」（16％→11％）は若干減少し、持ち直しの兆しはみえますが、新型コロナウイルス感染症が

グラフ2　利益比較［全業種］

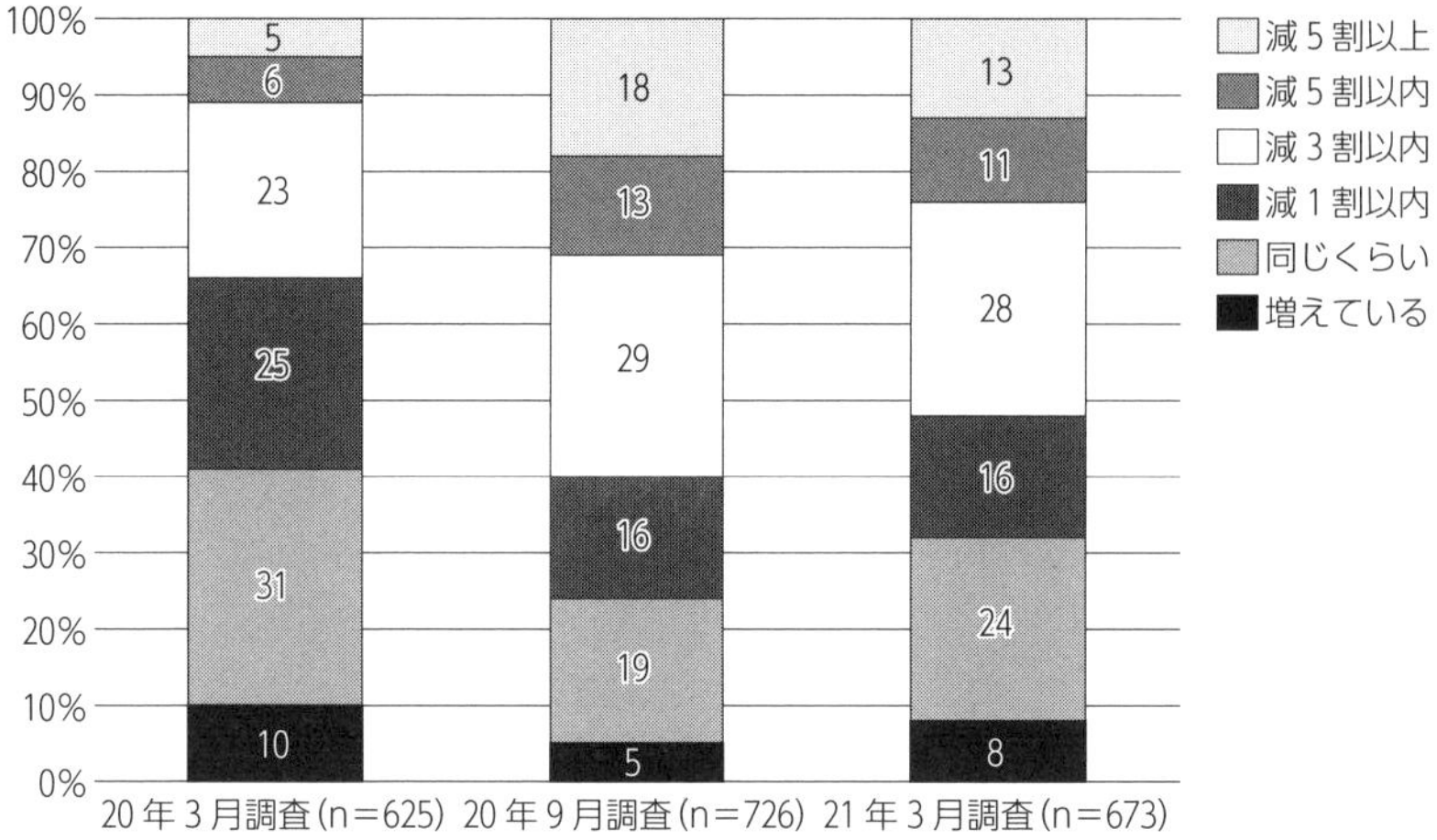

注：前年同期と比べて利益が「増えている」「同じくらい」「減1割以内」「減3割以内」「減5割以内」「減5割以上」の割合を示しています。
出所：同前。

本格的に拡大する前の20年3月調査の水準には戻ってはいません。依然として厳しい売上水準にあるといえます。今後の感染症拡大の状況次第では、さらなる落ち込みも懸念されます。また、「減3割以内」（23％→31％→32％）が増え続けていることにも注視しなければなりません。売上減少が仮に3割程度であったとしても、事業を維持していくには、厳しい水準と考えられるからです。

なお、**グラフ1**の売り上げの「減5割以内」と「減5割以上」の境目は、国が行った持続化給付金を受けられるか否かの支給対象要件とかかわっていました。この点に関しては、2節で詳細に触れます。

利益（**グラフ2**）は、経営状況を判断する最も重要な指標です。20年3月調査から20年9月調査にかけて、前年同期と比べて「減5割以内」（6%→13%）と「減5割以上」（5%→18%）は急激に増えています。21年3月調査でも、それぞれ11%、13%と高い水準にあり、利益を大きく損なってきたことが分かります。

⑵　危機的な経営が続く飲食業

グラフ3は、「営業動向調査」の全36業種（**グラフ1**）から飲食業だけを抽出し、その売り上げの状況を示したものです。20年3月調査から20年9月調査にかけて、前年同期と比べて「減5割以内」（7%→22%）と「減5割以上」（4%→34%）が急激に増えています。21年3月調査はより深刻で、「減5割以内」（24%）と「減5割以上」（37%）は悪化しています。

利益（**グラフ4**）は、21年3月調査で、前年同期と比べて「減5割以上」が半数（48%）に迫っています。新型コロナパンデミック宣言から1年が経過した21年3月調査においても、飲食業は危機的な経営が続いています。

「コロナ禍でステイホームが呼び掛けられ、店に客が一切来なくなった。貯金を切り崩しながら経営している」（群馬県、男性、50代、飲食店）、「緊急事態宣言の時短要請に従って短時間、店を開けているが、19時を過ぎると帰る客がほとんどだ。売り上げは半減だ」（兵庫県、男性、70代以上、飲食店）、「同業者で廃業する人も増え、腹立たしさと淋しさでいっぱいだ」（大阪府、女性、70代以上、大衆酒場・スナック）、「和歌山の飲食街でラーメン店を営業しているが、客足は激減し売り上げは8割減だ。いつ終わるとも知れないコロナ禍を耐えている」（和歌山県、男性、70代以上、ラーメン店）、

グラフ3　売上比較［飲食業］

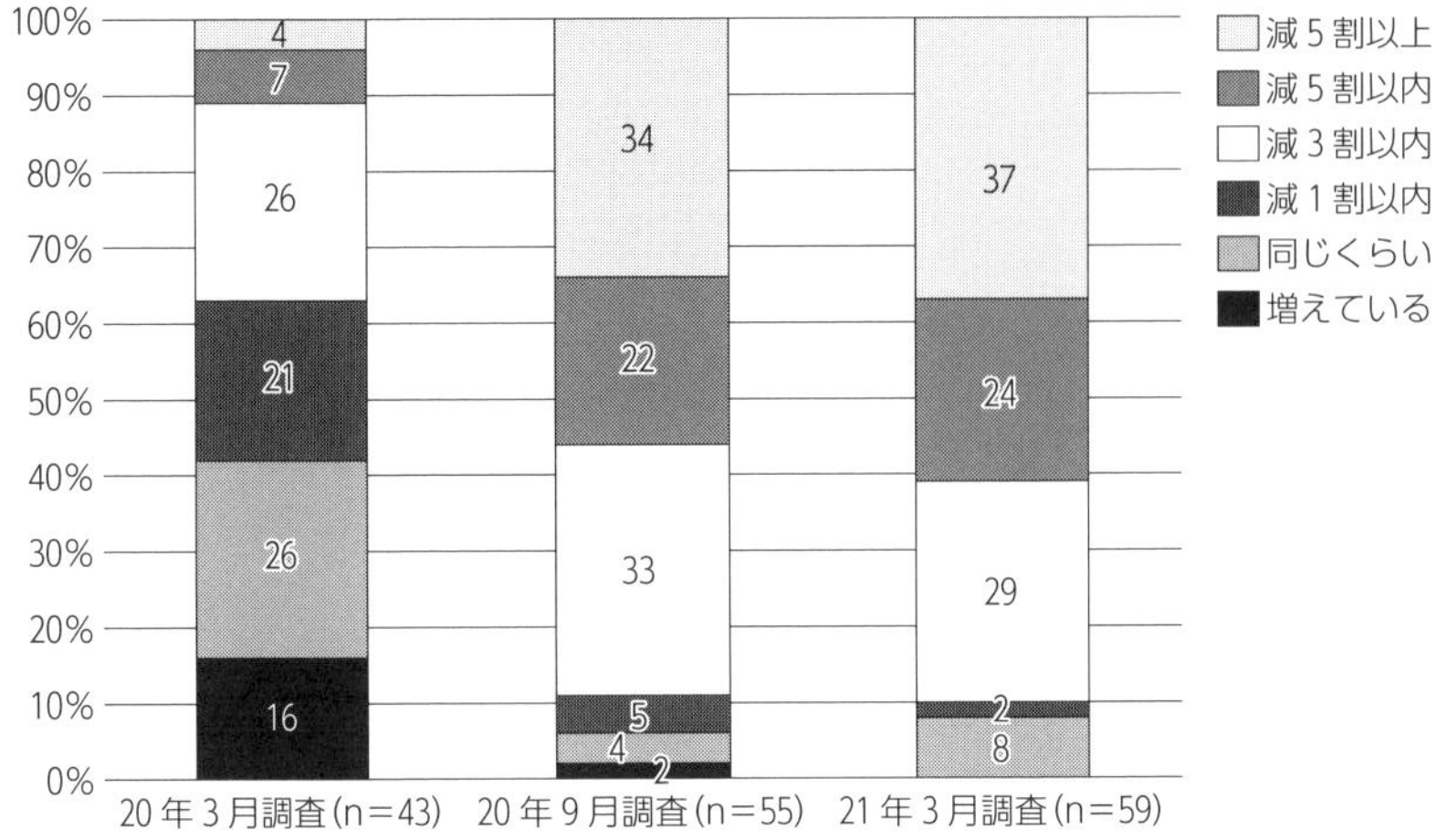

注：同グラフ1。
出所：同前。

グラフ4　利益比較［飲食業］

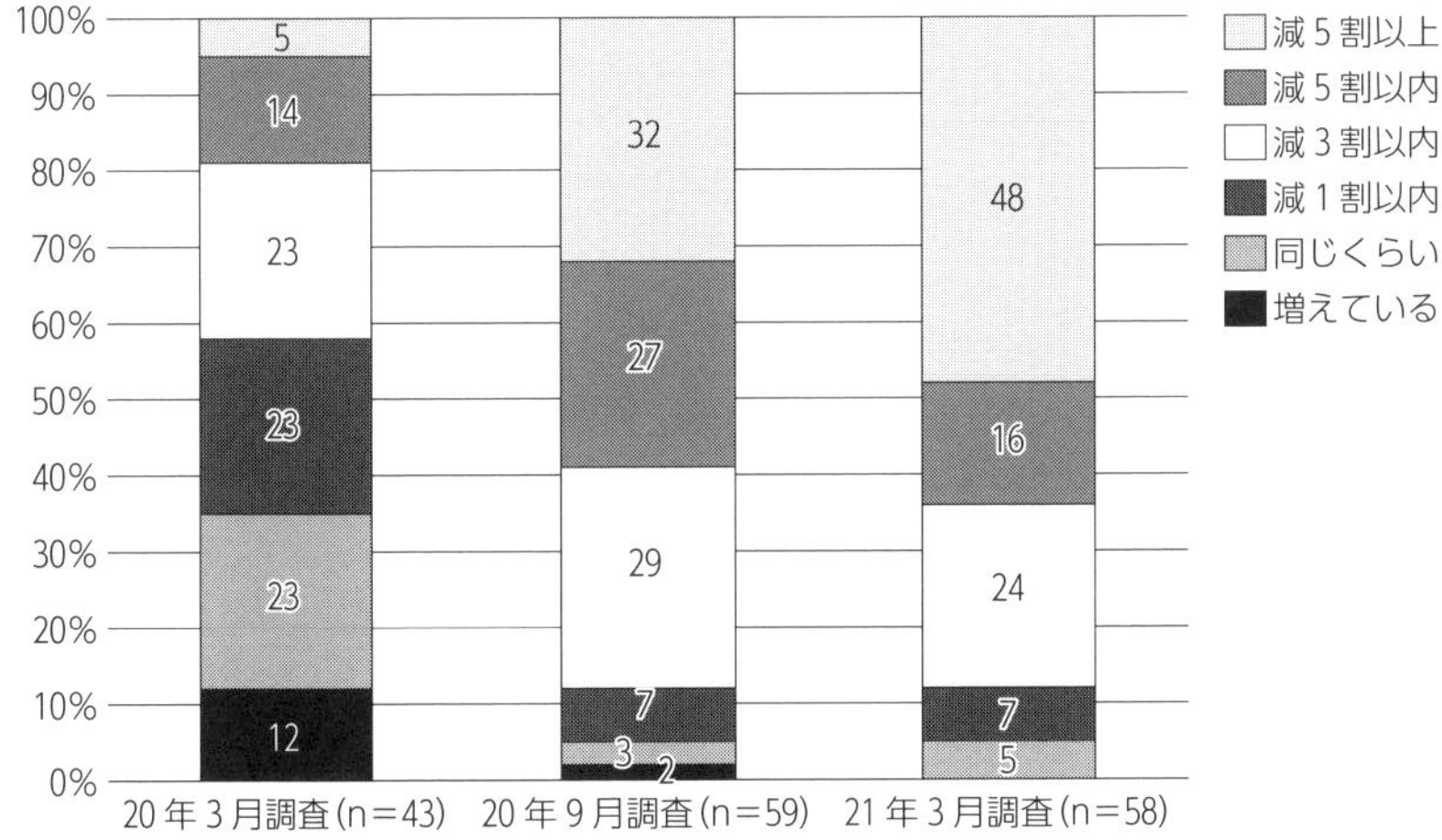

注：同グラフ2。
出所：同前。

「新型コロナの影響は予想以上に深刻で、２０２０年は仕事がなくなり、21年も予約のキャンセルが相次ぎ、先の見通しがつかない。給付金も底をついた」（兵庫県、女性、60代、飲食店）、「２０２０年の年間売り上げは創業以来最低だった。客がもとのように戻ることは難しいだろう」（兵庫県、女性、50代、大衆酒場・スナック）、「スナック業界は今後必要とされるのか、続けていけるのか。借金だけが増えてすごく不安だ」（鹿児島県、女性、30代、大衆酒場・スナック）、「実質倒産状況だ」（長崎県、女性、40代、一般飲食店）――飲食店経営者たちの悲鳴は、深刻な経営実態を物語っています。

2　中小商工業者を支える直接支援策の役割

本節では、持続化給付金が減収補塡にどれほどの役割を果たしたかを中小商工業者の決算資料をもとに明らかにし、再度実施する必要性と、その際に検討課題となる論点を提示したいと思います。

(1)　持続化給付金の創設意義とその概要

阪神・淡路大震災や東日本大震災といった大規模自然災害からの復旧復興を求める運動で、全商連が長年求めてきた固定費補助という考え方が、コロナ危機打開の運動を通じて与野党の幅広い合意となりました。政府がかたくなに拒否してきた直接支援策の１つである持続化給付金の創設につなげてきたことは、画期的な前進面です。減収補塡の性格を有する持続化給付金はその使途を問わず、全国の中小企業・個人事業主を対象としました。

持続化給付金の概要は次の通りです（中小企業庁の資料より）。

・［目的］　新型コロナウイルス感染症拡大により、営業自粛等で特に大きな影響を受ける事業者に対して、事業の継続を支え再起の糧とするため、事業全般に広く使える給付金。

・［支給対象要件（売上減少要件）］　２０２０年1月以降、新型コロナウイルス感染症拡大の影響等により、前年同月比で事業収入（売り上げ）が50％以上減少した月（対象月）があること。

・［支給額］　個人事業者は１００万円まで。法人は２００万円まで。ただし、1年間の売り上げからの減少分が上限。

政府資料によると、持続化給付金は約４２４万件の中小企業・個人事業者に支給されました。全商連資料では、民商に所属する中小商工業者への持続化給付金の支給件数は法人1万５２４件、個人事業主5万６５３０件に上ります（２０２1年5月17日現在）。

一方で、売り上げが50％以上減少した月のない中小商工業者は、そもそも対象から外され、持続化給付金を受けることはできませんでした。具体的には、1節の**グラフ1**で示した20年9月調査の時点では、売り上げが「減1割以内」（16％）、「減3割以内」（31％）、「減5割以内」（12％）の事業者は、持続化給付金の対象とはなりませんでした。しかしながら、仮に、売り上げが30％程度減少

比率」と持続化給付金加算後の年間売上高の「対前年比率」

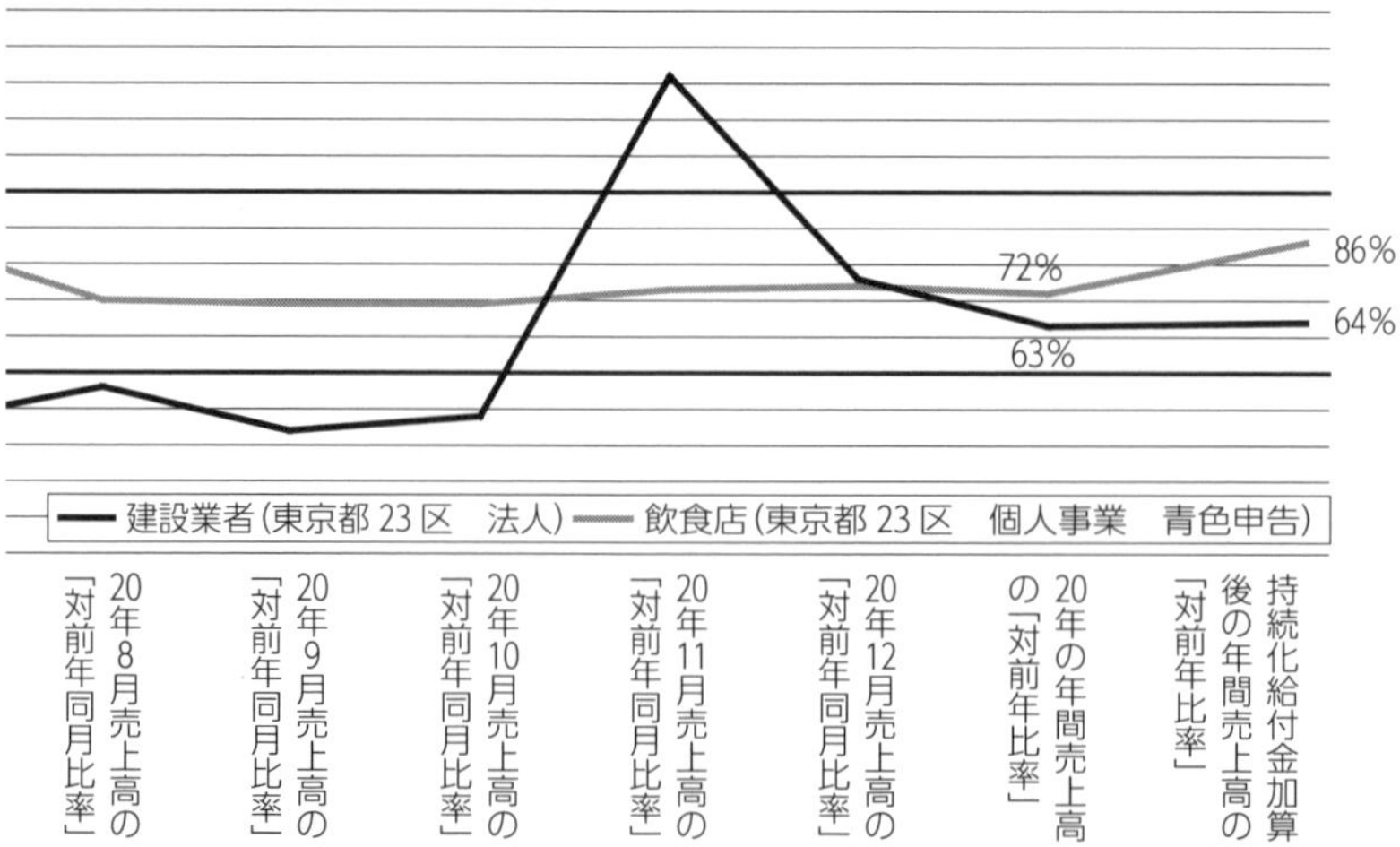

および【20年の年間売上高の「対前年比率」】は、「持続化給付金」を含めていない純粋な売上

化給付金（200万円）、飲食店（個人事業）が受給した持続化給付金（100万円）を、持続化給
率」。

する月が数カ月間続けば、資金繰りに行き詰まり、事業継続が困難になる可能性は十分にあります。「大手企業系の航空機関連の製造の遅れなどで、3次下請けの弊社への仕事は無くなった。売上減は30％〜40％のため持続化給付金は申請できない」（岐阜県、男性、60代、一般機械）、「持続化給付金は売り上げの3割減や4割減も対象にしてもらいたい」（神奈川県、男性、70代以上、設備工事業）——と、中小商工業者から批判が起こったのは当然でした。

(2) 持続化給付金の役割と課題

グラフ5は、建設業者（東京都23区、法人）と飲食店（東京都23区、個人事業、青色申告）の、2020年1月から12

グラフ５　2020 年の売上高の「対前年同月比率」「対前年

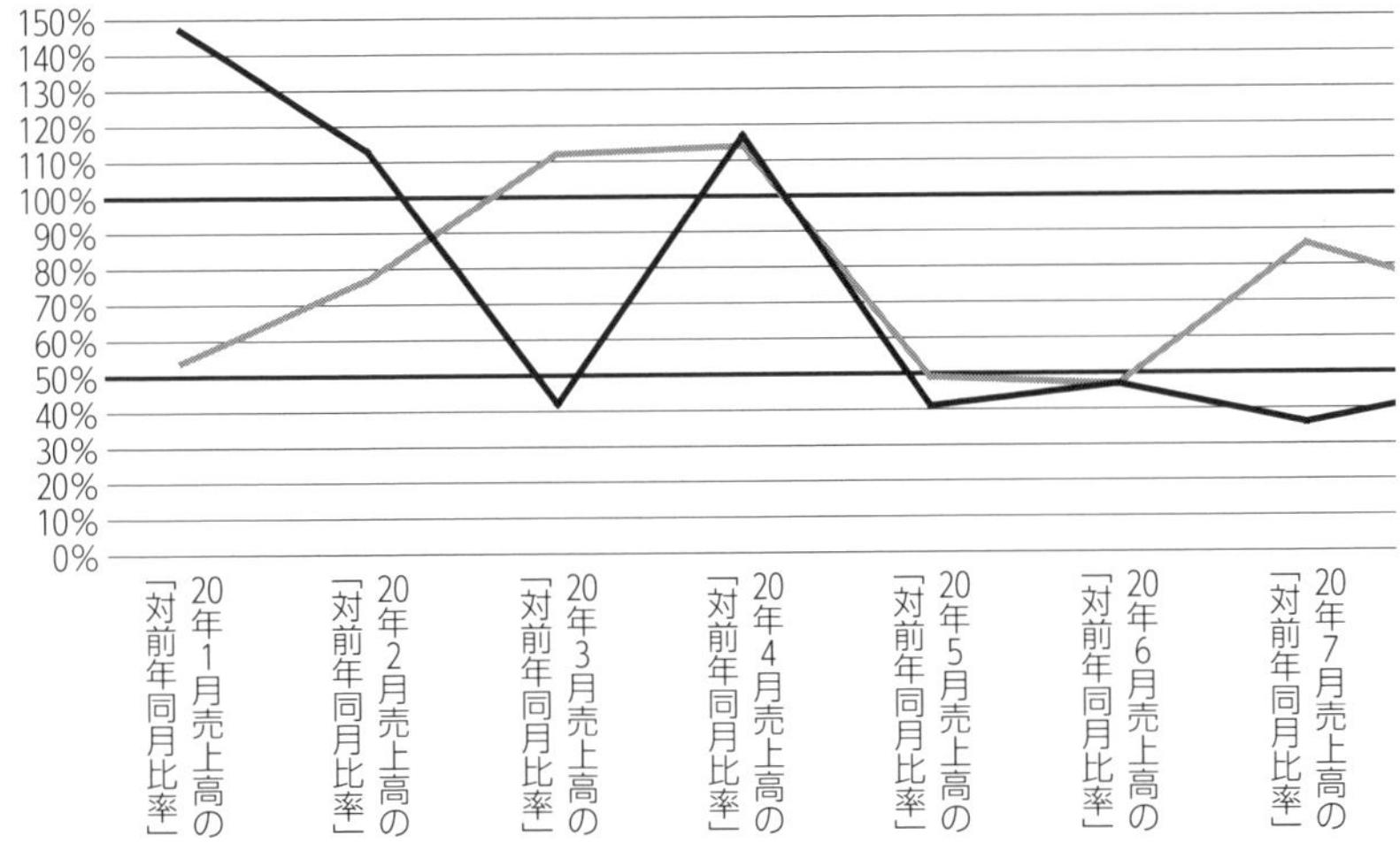

注１：【20 年１月売上高の「対前年同月比率」】から【20 年 12 月売上高の「対前年同月比率」】
高の「比率」。
注２：【持続化給付金加算後の年間売上高の「対前年比率」】は、建設業（法人）が受給した持続
付金加算前の 2020 年の年間売上高にそれぞれ加算し、2019 年の年間売上高と比べた「比
出所：決算資料をもとに筆者作成。

月の月別売上高の「対前年同月比率」と２０２０年の年間売上高の「対前年比率」（これらの比率は、持続化給付金を含めていない純粋な売上高の比率です）、および持続化給付金加算後の年間売上高の「対前年比率」です。

　持続化給付金加算後の年間売上高の「対前年比率」とは、建設業者が実際に受給した持続化給付金（２００万円）、飲食店が実際に受給した持続化給付金（１００万円）を、持続化給付金加算前の２０２０年の年間売上高にそれぞれ加算し、２０１９年の年間売上高と比べた「比率」です。持続化給付金を加算したことで「比率」がどの程度上昇したかを示すものです。

　表１は、建設業者と飲食店の２０１

９年と２０２０年の年間売上高（実額）、両事業者が受給した持続化給付金を２０２０年の年間売上高に加算した後の「実額」および「比率」です。

表1　年間売上高と持続化給付金加算後の実額および比率

建設業者（東京都23区　法人）

（円）	2019年	2020年	対前年比率
年間売上高	123,087,000	77,054,000	63%
持続化給付金		2,000,000	
加算後		79,054,000	64%

飲食店（東京都23区　個人事業　青色申告）

（円）	2019年	2020年	対前年比率
年間売上高	7,122,000	5,127,000	72%
持続化給付金		1,000,000	
加算後		6,127,000	86%

出所：決算資料をもとに筆者作成。

グラフ5が示す通り、政府が２０２０年４月７日に「緊急事態宣言」を発令した翌５月から10月までの６カ月間の建設業者の売上高の「対前年同月比率」は、30％台から40％台という大変厳しい状況が続きました。**表1**の通り、２０２０年の年間売上高は７７０５万円で、「対前年比率」は63％に落ち込みました。持続化給付金（２００万円）を加算した後の「比率」は64％にとどまりました。

一方、**グラフ5**の通り、飲食店の売上高の「対前年同月比率」は、５月が49％に、６月が47％に落ち込み、以降12月まで約70％の水準で推移しました。**表1**の通り、２０２０年の年間売上高は５１２万円で、「対前年比率」は72％に落ち込みました。持続化給付金（１００万円）を加算した後の「比率」は86％まで上がりました。

この2社（者）の事例から、持続化給付金は、飲食店のような売上規模の小さな事業者の減収を補填する役割を果たしてきたことが分かります。一方で、建設業者のような売上規模が大きい事業

グラフ6　居酒屋Aの2019年と2020年の月別売上高（実額：棒グラフ）と、2020年の月別売上高の「対前年同月比率」（折れ線グラフ）

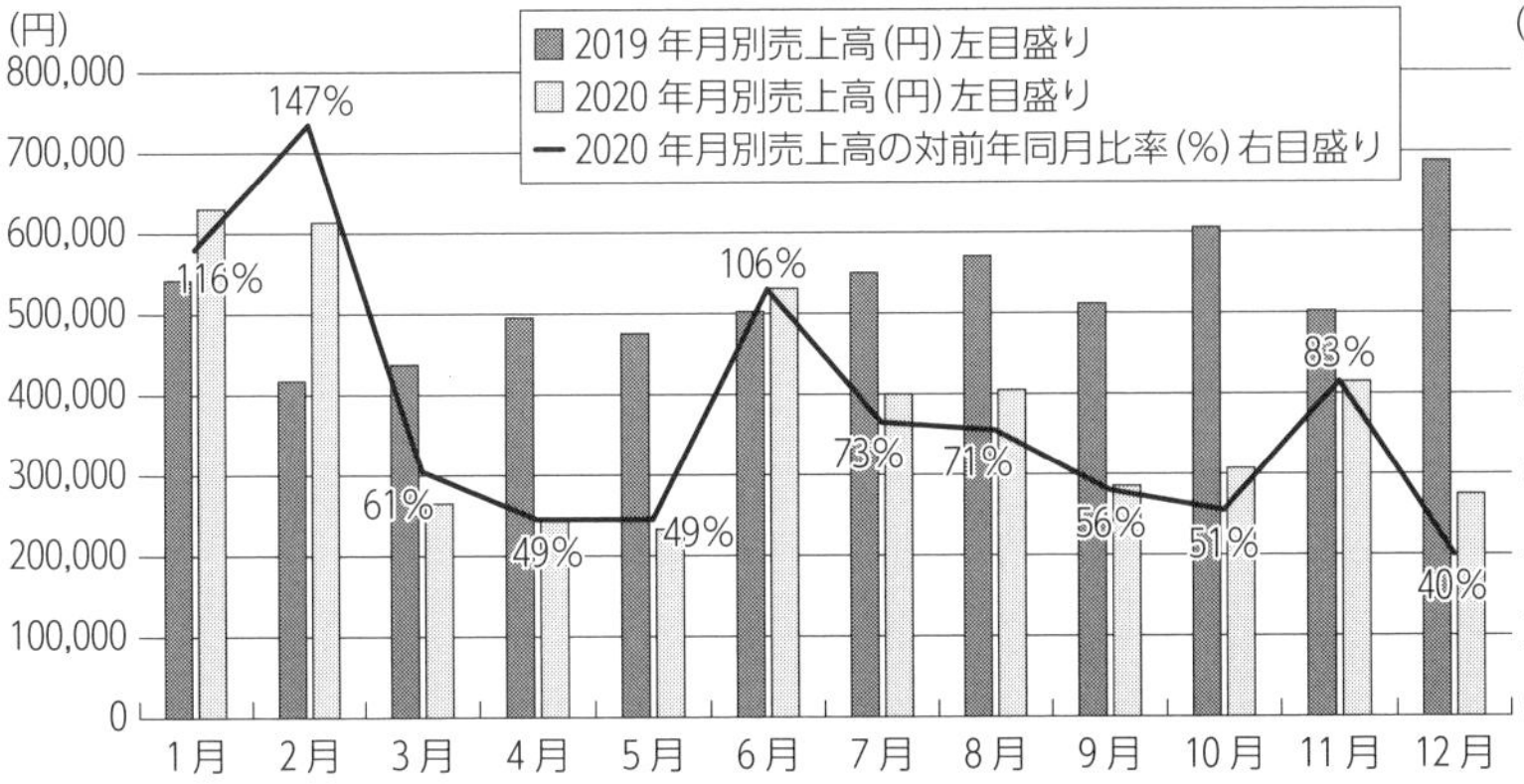

注：居酒屋Aが受給した持続化給付金と市の給付金は含めていません。2019年と2020年の月別売上高（実額：棒グラフ）と2020年の月別売上高の「対前年同月比率」（折れ線グラフ）を示しています。

出所：決算資料をもとに筆者作成。

者にとっては、減収補塡の効果は乏しいことが分かります。

次に、持続化給付金と自治体独自の直接支援策の役割について、岩手県一関市の居酒屋Aと居酒屋B、カフェの事例でみていきます。この3者は、新型コロナ感染症拡大前の2019年の年間売上高は約600～700万円であるため、同じ事業規模の飲食業者といえます。

グラフ6は、居酒屋A（個人事業、青色申告）の2019年と2020年の月別売上高（実額＝棒グラフ）、2020年の月別売上高の「対前年同月比率」（折れ線グラフ）の推移です（居酒屋Aが実際に受給した持続化給付金と市の給付金は含めていません）。「緊急事態宣言」発令（2020年4月）前の2020年1月と2月の居酒屋Aの売上高は、前年よりも順調に伸びていました。しかし2020年4月と5月の「対前年同

表2　居酒屋Aの年間売上高と持続化給付金等加算後の実額および比率

（円）	2019年	2020年	対前年比率
年間売上高	6,298,000	4,605,000	73%
持続化給付金		1,000,000	
加算後		5,605,000	89%
市の給付金		100,000	
加算後		5,705,000	91%

出所）決算資料をもとに筆者作成。

月比率」は49%にまで落ち込みます。「緊急事態宣言」解除後の6月に売上高はいったん回復するものの、7月以降は下降を続けます。繁忙期であるはずの12月には、町内会や消防団、自治会の寄り合いがキャンセルとなり、「対前年同月比率」は40%と最も落ち込みました。

表2は、居酒屋Aの2019年と2020年の年間売上高（実額）と、居酒屋Aが受給した持続化給付金（100万円）、市の給付金（10万円）を2020年の年間売上高に加えた後の「実額」および「比率」です。2020年の年間売上高は460万円で「対前年比率」は73%にとどまりました。持続化給付金（100万円）を加えた後の「比率」は89%、一関市の給付金（10万円）を加えた後の「比率」は91%にまで回復しています。

グラフ7は、居酒屋B（個人事業、白色申告）の2019年と2020年の月別売上高（実額＝棒グラフ）、2020年の月別売上高の「対前年同月比率」（折れ線グラフ）です（居酒屋Bが実際に受給した持続化給付金と市の給付金・補助金は含めていません）。「緊急事態宣言」が発令される前の1月と2月の居酒屋Bの売上高は、前年とほぼ同程度の堅調な水準でした。それが「緊急事態宣言」が発令されたことで、4月の「対前年同月比率」は46%に落ち込み、12月まで前年を大きく下回りました。12月の売上高は「対前年同月比率」で38%と最も落ち込みました。この主な要因は、常連客の

グラフ7　居酒屋Bの2019年と2020年の月別売上高（実額：棒グラフ）と、2020年の月別売上高の「対前年同月比率」（折れ線グラフ）

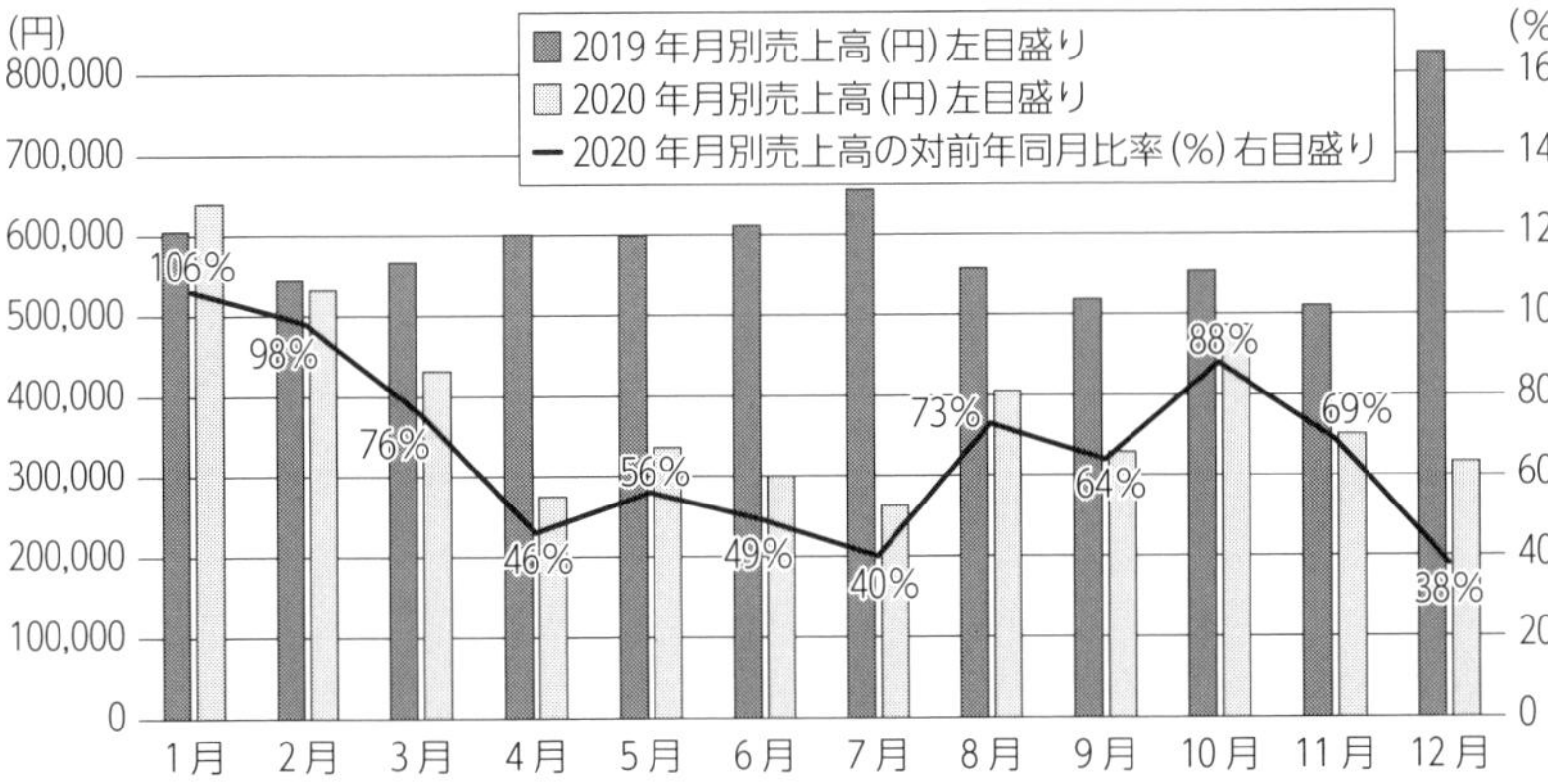

注：居酒屋Bが受給した持続化給付金と市の給付金等は含めていません。2019年と2020年の月別売上高（実額：棒グラフ）と2020年の月別売上高の「対前年同月比率」（折れ線グラフ）を示しています。
出所：決算資料をもとに筆者作成。

表3　居酒屋Bの年間売上高と持続化給付金等加算後の実額および比率

（円）	2019年	2020年	対前年比率
年間売上高	7,150,000	4,667,000	65%
持続化給付金		1,000,000	
加算後		5,667,000	79%
市の給付金と補助金		300,000	
加算後		5,967,000	83%

出所：決算資料をもとに筆者作成。

忘年会のキャンセルです。

表3は、居酒屋Bの2019年と2020年の年間売上高（実額）と、居酒屋Bが受給した持続化給付金（100万円）、市の給付金・補助金（計30万円）を2020年の年間売上高に加えた後の「実額」および「比率」です。2020年の年間売上高は466万円で「対前年比率」は65％にとどまりました。持続化給付金（100万円）を加えた後の「比率」は79％です。そして、一関市の給付金と

グラフ8　カフェの2019年と2020年の月別売上高（実額：棒グラフ）と2020年の月別売上高の「対前年同月比率」（折れ線グラフ）

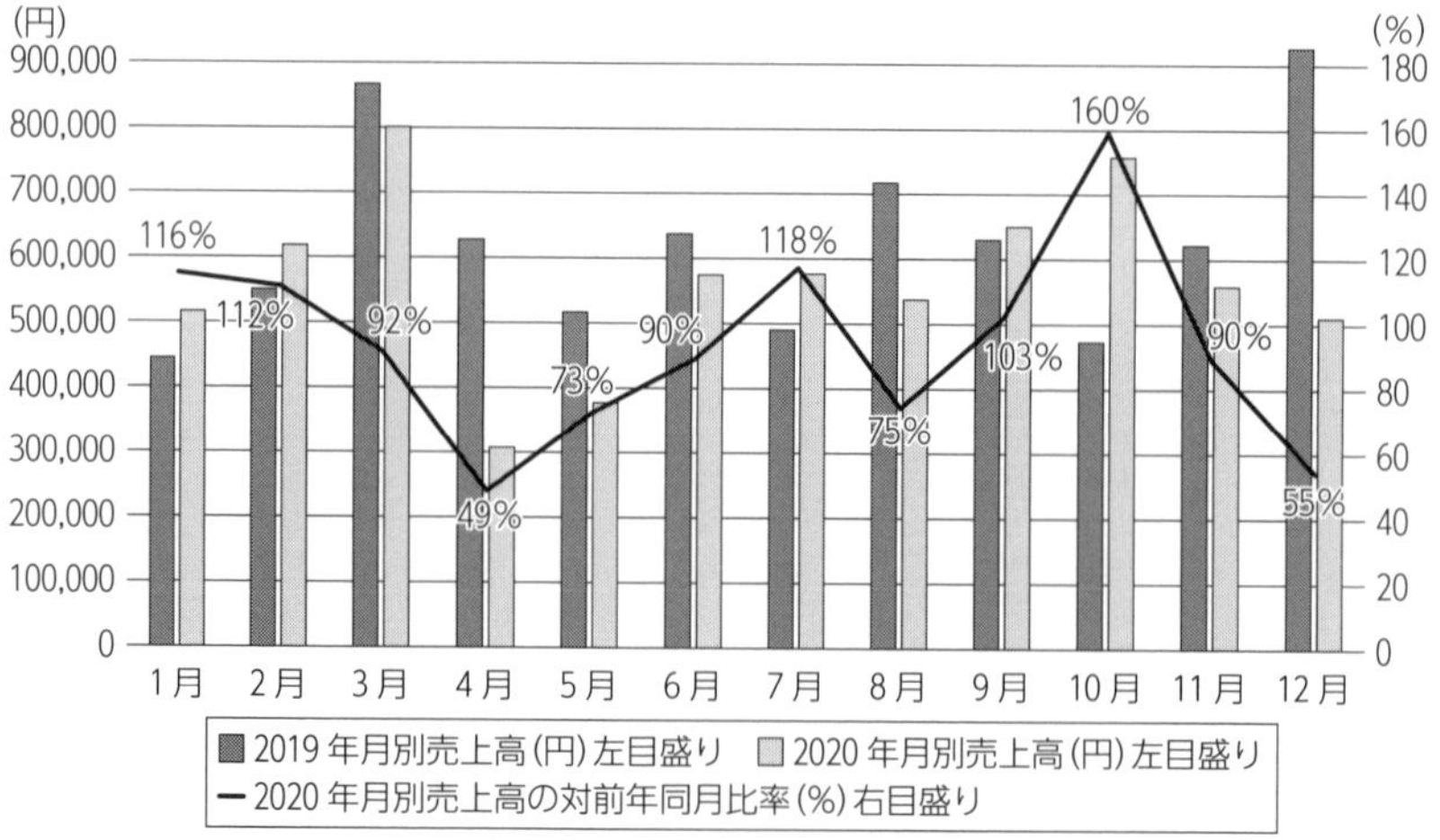

注：カフェが受給した持続化給付金や市の給付金等は含めていません。2019年と2020年の月別売上高（実額：棒グラフ）と2020年の月別売上高の「対前年同月比率」（折れ線グラフ）を示しています。

出所：決算資料をもとに筆者作成。

補助金（計30万円）を加えた後の「比率」は83％にまで持ち直しています。

グラフ8は、カフェ（個人事業、青色申告）の２０１９年と２０２０年の月別売上高（実額＝棒グラフ）、２０２０年の月別売上高の「対前年同月比率」（折れ線グラフ）です（カフェが実際に受給した持続化給付金と市の給付金・補助金は含めていません）。「緊急事態宣言」発令前の１月と２月のカフェの売上高は、前年よりも伸びていました。しかし２０２０年４月に「対前年同月比率」が49％に落ち込んで以降、売上高の浮き沈みの激しさが目立ちます。10月の「対前年同月比率」は１６０％に上昇しますが、12月は55％に落ち込んでいます。

表4は、カフェの２０１９年と２０２

0年の年間売上高（実額）と、カフェが受給した持続化給付金（100万円）、市の給付金・補助金（計30万円）を2020年の年間売上高に加えた後の「実額」および「比率」です。2020年の年間売上高は678万円で、「対前年比率」は90%でした。持続化給付金（100万円）を加えた後の「比率」は104%、そして一関市の給付金と補助金を加えた後の「比率」は108%となっています。

表4　カフェの年間売上高と持続化給付金等加算後の実額および比率

（円）	2019年	2020年	対前年比率
年間売上高	7,503,000	6,786,000	90%
持続化給付金		1,000,000	
加算後		7,786,000	104%
市の給付金と補助金		300,000	
加算後		8,086,000	108%

出所：決算資料をもとに筆者作成。

ただし、このカフェは、新型コロナ禍で弁当のテイクアウト事業を始めたことで、利益が低下しました。その要因は、消費者の低価格思考から近隣のコンビニやスーパーとの価格競争に巻き込まれ、原価（仕入れ値）に近い程度にまで販売価格を下げざるを得なくなったためです。これでは、弁当製造にかかる材料経費を支払うと利益は生まれません。新型コロナ禍で多くの飲食店が、テイクアウト事業を始めていますが、利益をいかにして上げられるのかが、経営を維持するための大切な視点となります。現在、カフェ店主は、スイーツ製造に力を入れ、一関市が開催する商談会や一関信用金庫が運営するネットショップに参加し、販路開拓に手ごたえを得ています。中小商工業者の新製品・新商品開発（経営革新）を支援するうえで、自治体と地域金融機関は大きな役割を担っています。

(3) 本節の小括

以上の事例から、持続化給付金は減収補塡に重要な役割を果たしていたことが分かります。持続化給付金の打ち切りは、このような小規模事業者の経営維持を困難にすることを意味します。

本節で明らかにした持続化給付金の課題は、「売上減少（50％以上減少）要件」を設けたことで、相当数の中小商工業者が支給対象から外れたこと、および、売上規模が大きい事業者にとって支給額は少なく減収補塡の効果は乏しいこと――の2点です。今後、持続化給付金のような減収補塡の性格を有する直接支援策を実施する際には、画一的な「売上減少要件」をやめ、売上規模を考慮した支給額にしていくことが必要だと考えます。

これらに関連し注目すべきは、2021年の通常国会に、立憲民主党と日本共産党が共同提出（3月19日）した「持続化給付金再支給法案」です。この法案は、持続化給付金の再支給を求めるとともに、①給付金の支給額については事業規模に応じた加算を行うこと、②給付金の支給要件については対象拡大と要件緩和を行うこと――という、本節で明らかにした持続化給付金の課題解決につながる内容となっています。

岩手県一関市の飲食業者の事例のように、地方都市の飲食店も、厳しい経営に直面しています。一関市は2021年2月、「感染防止取組事業者緊急特別支援給付金」を実施しています。この給付金は、一関民商の事業者実態調査結果を踏まえた要請を受けて、一関市が実施したものです。一関市が指定する業種（飲食店、喫茶店、貸し切りバス業、タクシー業、自動車運転代行業、河川遊覧船業、映画館、旅行業）に一律40万円を支給するものです。同給付金の特長は、簡易な書類で申請を受け付け、持続化給付金のような「売上減少要件」を設けないことにより、指定業種に該当する中小商工業者を幅広く支援していることです。岩手県の補助制度と併用できることも、一関市の給付金の魅力といえます。

本節で紹介した居酒屋Aと居酒屋B、カフェのいずれもが、「感染防止取組事業者緊急特別支援給付金」を受給し、経営危機を乗り越えようとしています。

3　中小商工業者向け自治体支援策の特徴

中小商工業者向けの自治体支援策は、経営や雇用の維持を通じた地域経済づくりにとって欠かすことはできません。本節では、全商連が行った「新型コロナウイルスの影響を受ける中小業者への支援策実施状況調査」（以下、自治体アンケート）をもとに、新型コロナウイルス感染症拡大の初期段階（第1波から第2波）に創設実施された自治体支援策の積極面をみていきます。今後、より充実した自治体施策を提案するための手掛かりとしたいと思います。

自治体アンケートには１０９２の自治体が回答（回答率61％）しました。**表5**の通り、①休業補償（実施自治体数３６１、実施率33％、制度数４２４）、②固定費補助（同４７２、同43％、同５８４）、③雇用補助（同２４９、同23％、同３００）、④観光業等への補助（同８１７、同75％、同１４２７）、⑤

業者向け支援策の実施状況調査」集計結果表

感染防止対策補助		芸術・文化補助		それ以外の支援策		中小振興条例	小規模振興条例
629	58%	106	10%	813	74%	417	184
944		140		1,656		421	186
143		37		136		39	25
90		40		170		30	7
711		63		1,350		352	154

感染防止対策への補助（同６２９、同58%、同９４４）、⑥芸術・文化への補助（同１０６、同10%、同１４０）、⑦それ以外の支援策（同８１３、同74%、同１６５６）です。

(1) 給付金（支援金）、固定費補助、雇用補助

給付金（支援金）については、「国の制度への上乗せ給付金」と「国の制度を補完する給付金」とに分類することができます。

「国の制度への上乗せ給付金」とは、国の持続化給付金の「売上減少要件」（詳細は2節参照）と「同等の要件」を設けている自治体の給付金（支援金）のことです。国の持続化給付金を申請している事業者を対象に自治体が支給することから「上乗せ給付金」といいます。これに該当する自治体支援策は75ありました。自治体による「上乗せ給付金」は、国の持続化給付金を受けることのできた事業者にとっては経営維持に有効な支援となりますが、国の給付金を受けることのできない事業者（例えば、1節グラフ1の20年9月調査時点では、売り上げが「減1割以内」16%、「減3割以内」31%、「減5割以内」12%の事業者）は「支援の外」に置かれます。給付金を受けられる事業者と受けられない

表5 「新型コロナウイルスの影響を受ける中小

コロナ対応支援策	休業補償		固定費補助		雇用補助		観光・飲食業補助	
実施自治体数　実施率	361	33%	472	43%	249	23%	817	75%
制度数	424		584		300		1,427	
都道府県	31		14		27		102	
政令・県庁	19		47		14		109	
市区町村	374		523		259		1,216	

出所：筆者作成。

事業者とで「支援格差」が生じることになります。

「国の制度を補完する給付金」とは、国の持続化給付金の「売上減少要件」に該当しない事業者を対象にしている自治体の給付金（支援金）のことです。具体的には、「売り上げが前年同月比較で20％から50％未満減少」などの緩和要件を設けることで、国の持続化給付金を受けられない事業者を支援するものです。これに該当する自治体支援策は277に上りました。

なかには、「売り上げが前年同期比5％以上減少している市内小規模事業者・個人事業主（フリーランス含む）」（「小規模事業者緊急支援給付金」＝上限額10万円、埼玉県行田市）や、「売上高5％以上減」（「新型コロナウイルスに負けるな事業継続応援給付金」＝法人20万円、個人10万円、岡山県美作市）、「1カ月の売上高が前年同月比10％以上減少している町内事業者」（「中小企業等継続応援給付金」＝上限額20万円、茨城県城里町）というかたちで「売上減少要件」を低く設定し、広範な中小商工業者を支援している自治体もありました。

固定費補助のうち、自治体の家賃支援については、国の家賃支援給付金（「はじめに」の注2参照）を受けていることを条件に支給している

「上乗せ給付金」がありました。一方で、「国の家賃支援給付金に該当しない事業者」を対象に家賃支援を行っていた自治体は、宮城県石巻市、宮城県登米市、秋田県大館市、福島県郡山市、茨城県常陸太田市、栃木県矢板市、東京都国立市、大分県宇佐市でした。

新潟県阿賀野市は「旅館、飲食店、タクシー業または従業員10人未満の事業者」に家賃等賃借料補助（補助率1／4、上限10万円）を実施していました。

雇用補助については、国の雇用調整助成金（従業員の雇用維持を図る目的の助成金）の支給決定を条件に、県や市が雇用補助を行う「上乗せ補助金」が多くありました。一方で、岩手県遠野市は「45歳未満の者を正規採用した、市内に事業所を有する中小企業等」を対象に補助（上限額30万円／人）を実施していました（新規雇用創出事業費補助金）。宮城県加美町は「雇用調整助成金の対象外で家族専従者がいる町内事業所」を対象に上限5万円を支給するという独自性のある支援策を講じていました（加美町専従者雇用支援事業）。新潟県長岡市は、学生インターンシップを実施した市内企業や、市内在住者の職場実習の受け入れをした企業に支援金を支給しています。

(2) 休業補償、観光業等補助、感染防止対策補助、芸術文化補助

休業補償については、休業や時短営業の要請に応じた事業者（飲食店、宿泊施設、理美容業等）への給付金（支援金、協力金）が目立ちました。公共施設の休館に伴い休業したテナントやバス・タクシー、学校給食提供事業者、スナック、バー、カラオケボックスを対象とした支援策もありました。

貸し切りバス事業者や旅行代理店、映画館、「減収に直面している介護事業所」、「来島・修学旅行の受け入れ自粛の影響を受けた民泊事業者」へ支援をする市や村もありました。

観光業等への補助は、実施自治体数が最多の８１７に上りました。宿泊費の補助やプレミアム付き食事券が多くありました（こうした人の流れを促す事業については、感染拡大を招くおそれもあり検討が必要です）。福岡県はホテルや旅館、簡易宿所、民泊事業所を対象に消毒や清掃といった衛生対策に要する消耗品や備品の購入に必要な経費を補助していました。

夕張メロンが特産品の北海道夕張市は「市内店舗で夕張メロンを購入した者に市内宿泊施設等で利用できるサービス引換券を交付」していました。また、茨城県水戸市が水戸市納豆製造事業者緊急支援金を講じるなど、地場産品を生産・製造する事業者を守ろうとする支援策がありました。

感染防止対策への補助としては、感染防止対策（3密防止対策、感染症の影響からの再起のための販路開拓、新しい生活様式に対応したビジネス支援）を行う事業者への、補助金や助成金などが講じられていました。市や町では、テイクアウト・デリバリー、感染予防、店舗改装、テレワーク導入経費等への補助金をはじめ、診療所や歯科医院への支援金、子ども食堂への補助金が支給されていました。事業転換に挑戦する事業者へ支援を行っている村もありました。

芸術・文化への補助では、石川県が「金沢芸妓、山中芸妓」に楽器、カツラ等の道具の維持費を支給（30万円／人）していました。富山県南砺市は「国の伝統産業従事者」に支給（法人50万円・個人25万円）しています。これらは、伝統文化産業の従事者を支援する重要な直接支援策です。東京都新宿区は「劇場、ライブハウス」を支援（上限額50万円）していました。

⑶ 社会保険料の事業主負担の軽減

社会保険料とは、健康保険料や厚生年金保険料のことで、事業主と労働者が折半して負担しているものです。この社会保険料の事業主負担の軽減の必要性について、２０１４年に成立した「小規模企業振興基本法」の附帯決議（法律施行にかかわる議会としての意見表明の決議）は次のように指摘しています。

「法人事業所および常時従業員５人以上の個人事業所に義務づけられる社会保険料が、小規模企業の経営に負担となっている現状があることに鑑み、小規模企業の事業の持続的発展を図るという観点に立ち、従業員の生活の安定も勘案しつつ、小規模企業の負担の軽減のためにより効果的な支援策の実現を図ること」。

この附帯決議があるにもかかわらず、政府は、負担軽減のための有効な直接支援策を講じていません。

一方で島根県川本町は、国の雇用調整助成金を受給した事業者を対象に社会保険料の事業主負担分を補助しています（休業手当支給額の10分の1、対象月は当初２０２０年3月から3カ月としていたものを国の雇用調整助成金の特例措置等の延長を受け、同年12月まで延長）。町の担当者は「社会保険料の事業主負担分が経営者の負担になっている。コロナ禍で社員を維持する事業者にどういう支援ができるのか、検討した結果、設けた制度だ」と述べています。社会保険料の事業主負担を軽減するための直接支援策が基礎自治体で講じられたことになります。他には見られなかった画期的な支援策です。

(4) 資金繰り支援策―10年無利子融資の創設

特徴的な自治体の資金繰り支援策は、山形県と山口県長門市の融資制度です。山形県は「地域経済変動対策資金」という融資制度で、融資期間（10年以内）の「無利子」措置を行っています。また、山口県長門市は「中小企業経営安定資金融資」で10年以内の利子補給（中小商工業者が借入金を月々返済する際に発生する利子を自治体が財政支援するもの）を行っていました。市の担当者によると、この融資を利用した１３８事業者の約半数が利子補給制度を活用しています（２０２０年10月22日電話聞き取り）。

国が実施してきた新型コロナ対応の融資制度（「新型コロナウイルス感染症特別貸付」等）の実質無利子の期間は最長3年間です。これと比べると、山形県と長門市の10年無利子の融資制度は、中小商工業者の資金繰りを長期的に支援する優れた制度といえます。

(5) 本節の小括

自治体アンケートからは、中小商工業者向けの多種多様な直接支援策が全国的に講じられてきたことが分かります。地域の実情に即した支援策を講じることで、中小商工業者の経営とそこで働く労働者の雇用を守り、地域経済を維持していこうとする自治体の努力が伝わる支援策が数多くありました。持続可能な地域経済づくりのために、これらの支援策に学ぶことは大切だと考えます。

国の持続化給付金に「上乗せ」する自治体の給付金（支援金）は、支援を受けられる事業者と支援を受けられない事業者との間に「支援格差」を生じさせると指摘しました。今後、「支援格差」を招かない直接支援策をどうつくるかは、検討すべき課題だと思います。この課題解決の１つの糸口となるのが、本節で紹介した売上減少要件を緩和した給付金もしくは、２節で紹介した岩手県一関市の「感染防止取組事業者緊急特別支援給付金」の仕組み（指定業種に該当する事業者に「売上減少要件」を設けず支給する仕組み）だと考えます。こうした制度を支える国の財政措置が必要となります。

4　国民健康保険の個人事業主向け「傷病手当金制度」「一時金制度（傷病見舞金）」

(1)　全商連共済会データでみる新型コロナの罹患者の推移

グラフ9、グラフ10は、中小商工業者の新型コロナウイルスの罹患者（病院や保健所等から陽性と診断された人）の推移を示した全商連共済会のデータ（死亡弔慰金および入院見舞金の請求者数＝２０

グラフ９　Go To イート事業以降、業者で増え続けた新型コロナ罹患者数

注：罹患者数　計 282 人（内訳、事業主等 70％、配偶者 15％、従業員 8％、同居家族 7％）。
出所：全商連共済会「新型コロナウイルス感染症による共済会請求のまとめ 2020 年度」より筆者作成。

グラフ 10　Go To イート事業以降、業者で増え続けた新型コロナ罹患者の割合（n＝282）

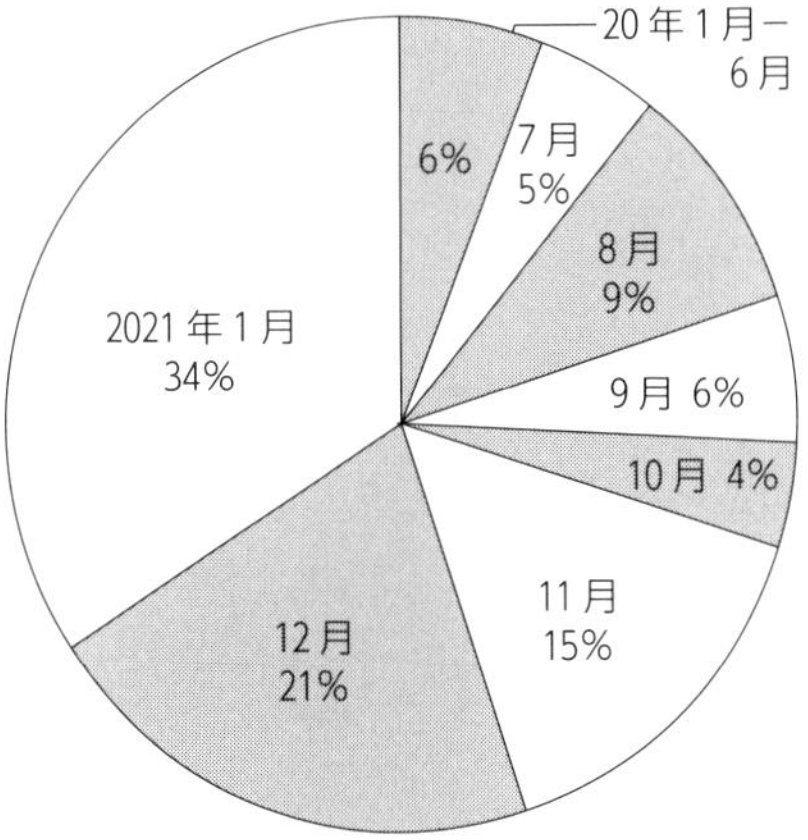

注：2020 年 1 月（1 月－ 6 月は総計）から 21 年 1 月までの月別罹患者の割合。
出所：同前。

２０年内～２０２１年１月）です。２０２０年10月１日のＧｏＴｏイート事業が始まった翌11月から罹患者が増え続けています。11月は15％（43人）、12月は21％（58人）、２０２１年１月の「緊急事態宣言」下では34％（95人）と急激に増えています。罹患者２８２人のうち12人が死亡しています。**グラフ11**で、新型コロナウイルスに罹患して入院した事業主を業種別にみると、「飲食・料飲」が最も多く35％に上りま

グラフ11　新型コロナに罹患し、入院した事業主の「業種別」割合 (n＝173)

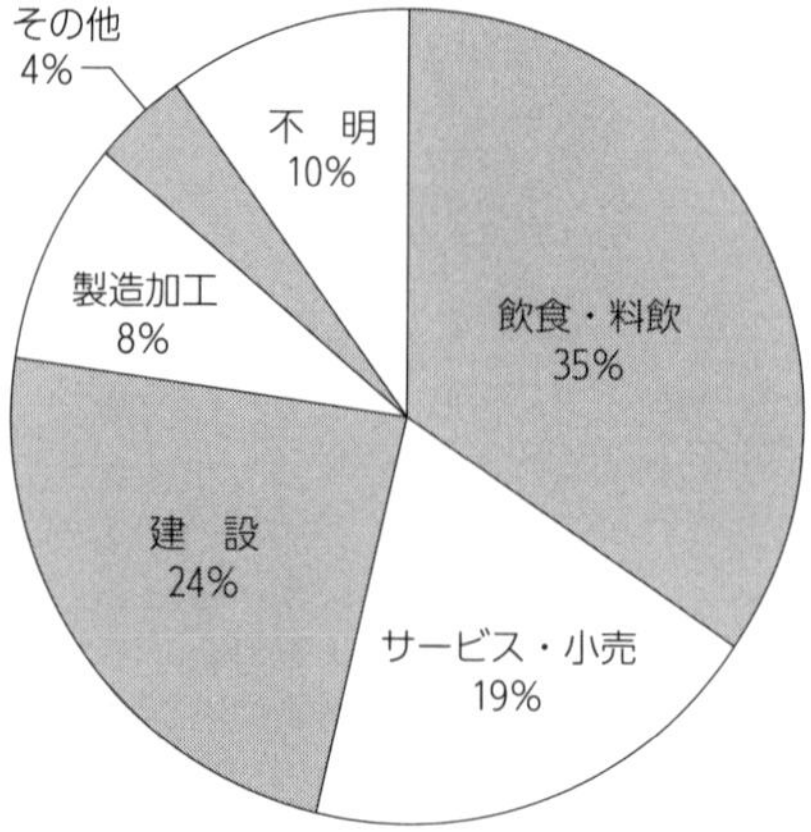

出所：同前。

す。「サービス・小売」は19％、「建設」は24％、「製造・加工」は８％でした。ＧｏＴｏイート事業が始まって以降、とりわけ「飲食・料飲」で新型コロナウイルスの罹患者が増えています。対面で接客する業種ほど高い感染リスクにさらされていることが分かります。

なお、「入院・療養日数」は、「10日以内」が最も多く43％に上り、「20日以内」は40％、「30日以内」は９％、「31日以上」は８％でした。

(2)　自治体の制度の特徴

公的医療保険制度は、健康保険と国民健康保険（国保）に大別されます。従前から、サラリーマンが加入する健康保険では「傷病手当金制度」（被保険者が疾病または負傷により業務に就くことができない場合に、療養中の生活保障として給付される制度）が制度化されていました。一方、個人事業主らが加入する国保では制度化されていませんでした。

新型コロナウイルス感染症対策として、厚生労働省は事務連絡で、国保に加入する被用者（事業所で働いて給与を得ている者）を対象にした「傷病手当金制度」を創設するために、自治体の条例を整備し、支給した手当金については国が財政支援を行うこととしました。しかしながら、個人事業主は、その財政支援措置の対象外とされました。個人事業主への対象拡大を求める運動が広がり、国保の「傷病手当金制度」の対象を、新型コロナウイルスに罹患し休業した個人事業主にまで拡大する自治体が出てきました。「一時金制度（傷病見舞金）」として個人事業主に支給する自治体も生まれました。

表6と**表7**は、18市町の、国保に加入する個人事業主を対象とした「傷病手当金制度」と「一時金制度（傷病見舞金）」の内容（支給内容、実施期間、実施理由）です。電話での聞き取り調査（2020年12月16日時点）をもとに作成しています。

「傷病手当金制度」の支給対象を個人事業主にまで広げた自治体は、9市町（北海道赤平市、岩手県陸前高田市、宮城県松島町、長野県伊那市、岐阜県飛騨市、愛知県東海市、鳥取県岩美町、愛媛県宇和島市、高知県黒潮町）です。実施理由としては「事業主も困るのは同じだろう。福祉の視点。市長判断が大きい」（北海道赤平市）や、「庁内で、被用者しか対象にならないのか、事業主も対象にすべきだ、と議論した」（岩手県陸前高田市）、「町長と副町長の判断。個人事業主が対象にならないのは不公平で不満もあるだろう」（鳥取県岩美町）などが挙げられました。電話での聞き取り調査の時点では、自治体のなかで新型コロナウイルスに罹患し休業した個人事業主がいなくても、コロナ感染症の拡大が懸念されることから、あらかじめ制度を整備しておくことの重要性を強調する自治体職員もいました。

表6　個人事業主等を対象にした傷病手当金と同等の制度を設けた自治体

（2020 年 12 月 16 日現在、全商連調べ）

自治体名	支給内容、実施期間	実施理由
北海道 赤平市	・日額 5,000 円×日数 ・2020 年 1 月 1 日～21 年 3 月 31 日	事業主も困るのは同じだろう。福祉の視点。市長判断が大きい。6 月議会で質問があった。
岩手県 陸前高田市	・日額 3,000 円×日数 ・2020 年 1 月 1 日～21 年 3 月 31 日（国の被用者向け傷病手当金が延長されれば、延長の可能性あり）	庁内で「被用者しか対象にならないのか。事業者が対象にならないのはダメだろう。事業主も対象にすべきだ」と議論した。
宮城県 松島町	・日額 6,000 円×日数 ・2020 年 1 月 1 日～21 年 3 月 31 日（国の被用者向け傷病手当金が延長されれば、延長の可能性あり）	事業主も国保に加入しているのだから、働き方による不公平感をなくすため。
長野県 伊那市	・日額 5,000 円×日数 ・2020 年 10 月末～21 年 3 月（制度を 10 月末から開始）	国の支援による傷病手当金の中で個人事業主が対象になっていないので、フォローする。
岐阜県 飛騨市	・2019 年中の事業所得÷365 日×2/3×療養日数 ・2020 年 1 月 1 日 ～20 年 12 月 31 日（21 年 3 月 31 日まで延長する予定）	支援のもれがないようにするため。市長の決断を受け協議した。
愛知県 東海市	・（1 日当たり）前年の事業所得の合計額÷240×2/3 ・2020 年 4 月 1 日～21 年 3 月 31 日	「給与所得に限ることなく事業主も対象にすべき」という市長の判断。
鳥取県 岩美町	・2019 年の営業収入÷365×2/3×支給対象日数 ・2020 年 5 月～20 年 12 月 31 日（国の被用者向け傷病手当金と同じにしていく予定）	町長と副町長の判断。個人事業主が対象にならないのは不公平で不満もあるだろう。
愛媛県 宇和島市	・2019 年の営業所得と農業所得の合計額÷365×2/3×支給対象日数 ・2020 年 7 月～21 年 3 月 31 日	傷病手当金が雇用されている人のみなので、自営業者をフォローするため。
高知県 黒潮町	・日額 5,000 円×支給日数 ・2020 年 1 月 1 日 ～20 年 12 月 31 日（21 年 3 月 31 日まで延長予定）	休みやすい環境づくりを進めているため。個人事業主も同じであろうということで範囲を広げた。

出所：大友孝平「個人事業主向け傷病手当金創設―全商連自治体アンケートを踏まえて―」『中小商工業研究』147 号より。

表7　個人事業主等を対象にした一時金制度（傷病見舞金）を設けた自治体

（2020 年 12 月 16 日現在、全商連調べ）

自治体名	支給内容、実施期間	実施理由
北海道 美幌町	・一律 30 万円 ・20 年 7 月実施。支給対象期間は 20 年 1 月 1 日から 21 年 3 月 31 日	傷病手当金が被用者のみで事業主が対象外であるのを受け、町長が救済策を検討。全国の先例を参考にした。
埼玉県 深谷市	・一律 20 万円 ・支給対象期間は 20 年 1 月 1 日から 20 年 12 月 31 日。21 年 3 月 31 日まで延長予定	同じ国保でも傷病手当金は被用者のみなので、加入者間の公平を図り、安心して休みが取れるようにするため。一時金にしたのは、事業者の収入形態は多様で、計算が難しいため。
埼玉県 朝霞市	・一律 20 万円 ・支給対象期間は 20 年 1 月 1 日から 21 年 3 月 31 日	傷病手当金が被用者のみなので、保険者の観点から救済策として。
埼玉県 志木市	・一律 20 万円 ・20 年 4 月に実施。支給対象期間は 2020 年 1 月 1 日から必要な限り（国の傷病手当金に合わせる）	傷病手当金が被用者のみで、事業主が救済されないのは問題であると考え。一時金形式は、事業者の収入形態が多様で計算が難しいと判断したため。
埼玉県 和光市	・一律 20 万円 ・20 年 7 月から実施。支給対象期間は 2020 年 1 月 1 日から 21 年 3 月 31 日	傷病手当金の対象外となった方への救済策として。
埼玉県 新座市	・一律 20 万円 ・ 5 月から実施。支給対象期間は 2020 年 1 月 1 日から 21 年 3 月 31 日（傷病手当金と同じ）	傷病手当金の対象外となった方への救済策として。一時金としたのは、事業主の収入形態は多様であり、休業日数も把握が難しいため。
埼玉県 上里町	・一律 20 万円 ・20 年 7 月から実施。支給対象期間は 2020 年 1 月 1 日から 21 年 3 月 31 日	町議会で傷病手当金が被用者のみであり、事業者も対象にしてほしいと提案があり、町長も受け止めて救済策を検討。先行する県内自治体を参考にした。一時金としたのは、一般会計の事業であること、給与収入と違い、事業収入の計算は難しいと判断したため。
滋賀県 甲賀市	・一律 10 万円 ・20 年 6 月から実施。支給対象期間は 2020 年 1 月 1 日から 21 年 3 月 31 日	傷病手当金の対象から事業主が外れていることへの救済策として。市議会で指摘があり実施を検討。
滋賀県 野洲市	・一律 10 万円 ・20 年 6 月から実施。支給対象期間は 2020 年 1 月 1 日から 21 年 3 月 31 日	傷病手当金の対象から事業主が外れていることへの救済策として。一時金としたのは、事業形態がさまざまで休業日数等の算出が難しいため。一律だと、診断書のみの提出で良いので申請もしやすい。療養してもらうのを優先。

出所：同前。

支給内容については、「日額5000円×日数」や、「2019年中の事業所得÷365日×3分の2×療養日数」などの計算方法で求めていました。

一時金制度（傷病見舞金）を設けた自治体は、9市町（北海道美幌町、埼玉県深谷市、埼玉県朝霞市、埼玉県志木市、埼玉県和光市、埼玉県新座市、埼玉県上里町、滋賀県甲賀市、滋賀県野洲市）です。実施理由としては「傷病手当金が被用者のみで事業主が対象外であるのを受け、町長が救済策を検討（した結果、制度をつくった）」（北海道美幌町）や、「同じ国保でも傷病手当金は被用者のみなので、加入者間の公平を図り、（事業主も）安心して休みが取れるようにするため」（埼玉県深谷市）、「町議会で、事業者も対象にしてほしいと提案があり、町長も受け止めて救済策を検討した」（埼玉県上里町）などが挙げられています。支給内容は「一律10万円」から「一律30万円」でした。個人事業主の所得金額や休業日数の把握が難しいとの考えから、定額にするという工夫により、解決を図っているのが特徴といえます。

⑶　本節の小括

「傷病手当金制度」「一時金制度（傷病見舞金）」の支給対象を個人事業主にまで広げた自治体からは、ほぼ共通して、制度の対象から事業主が外れていることへの「不公平の解消」や「救済策の必要性」が語られました。電話での聞き取り調査（2020年12月16日）以降、長野県駒ケ根市と長野県辰野町、宮崎県綾町が、「一時金制度（傷病見舞金）」を設けました。新型コロナウイルスに罹患する中小商工業者が増えている現状において、こうした自治体の先進的な取り組みに学ぶ意義は大きいと思います。

本来、自治体任せにするのではなく、国の責任で制度をつくるべきだと考えます。

5　持続可能な地域経済づくりに向けて

新型コロナパンデミックが宣言されてから1年が経過しました。この1年間、政府や自治体による休業要請や時短営業要請、外出自粛要請が講じられるたびに人の移動が抑制され、消費が大きく減退してきました。これにより中小商工業者は過去に経験したことのない経営危機に陥りました。倒産や廃業、休業を余儀なくされた中小商工業者は数多く存在します。

このコロナ禍で、世界の59カ国・地域が、日本の消費税にあたる「付加価値税」の減税を実施・予定しています。消費税の減税は、コロナ禍で苦境に立たされている中小商工業者を救うことにつながります。政府は消費税の減税に踏み出すべきです。

中小商工業者は、地域住民に働く場を提供し、地域の雇用を守っています。伝統文化の担い手であり、地域経済の形成になくてはならない存在です。

2010年に政府が閣議決定した『中小企業憲章』は次のように述べています。

「中小企業は、経済やくらしを支え、牽引する。創意工夫を凝らし、技術を磨き、雇用の大部分を支え、くらしに潤いを与える。意思決定の素早さや行動力、個性豊かな得意分野や多種多様な可能性を持つ。経営者は、企業家精神に溢れ、自らの才覚で事業を営みながら、家族のみならず従業員を守る責任を果たす。中小企業は、経営者と従業員が一体感を発揮し、一人ひとりの努力が目に見える形で成果に結びつき易い場である。中小企業は、社会の主役として地域社会と住民生活に貢献し、伝統技能や文化の継承に重要な機能を果たす。小規模企業の多くは家族経営形態を採り、地域社会の安定をもたらす。このように中小企業は、国家の財産ともいうべき存在である」。

地域社会の安定に寄与する中小商工業者を、このコロナ禍でどう支えるのか――。それを考えていくために、本稿は、これまで講じられてきた持続化給付金と自治体の直接支援策をもとにして、今後の直接支援策づくりにつなげるための、いくつかの検討課題となる論点を提示してきました。最も強調したいことは、「経営の実態にもとづく支援策」を迅速に実施するということです。支援の枠組みから漏れていく中小商工業者をなくしていく努力が必要なのだと考えます。

２０２１年に入り、民商の要請内容を取り入れるかたちで、飲食店や運転代行業、宿泊・観光関連業を対象とした直接支援策がいくつもの自治体でつくられ、地域の業者を励ましています。３節で紹介した自治体アンケートからは、少なくない自治体で、中小企業・小規模企業振興基本条例が制定されていることが分かります。それぞれの自治体の中小企業・小規模企業振興基本条例の理念を踏まえた持続可能な地域経済づくりに向けて、中小商工業者と自治体の協力共同が大切なのだと思います。

なお、本稿では詳細には取り上げなかった雇用調整助成金と各種補助金、融資制度は、中小商工業者の経営を支える大切な支援策であることを述べておきます。

注

1　本稿における直接支援策とは、給付金や補助金といった返済を要しない支援策を指します。融資は返済を伴う貸し付けであるため、直接支援策の定義に含めません。

2　家賃支援給付金［目的］新型コロナウイルス感染症を契機とした2020年5月の緊急事態宣言の延長等により、売り上げの減少に直面する事業の継続を支えるため、地代・家賃（賃料）の負担を軽減することを目的として、賃借人（かりぬし）である事業者に対して支給する給付金。［支給対象要件（売上減少要件）］2020年5月から2020年12月までの間で、新型コロナウイルス感染症の影響などにより、次の①②のいずれかにあてはまること。①いずれか1カ月の売り上げが前年の同じ月と比較して50％以上減っている。②連続する3カ月の売り上げの合計が前年の同じ期間の売り上げの合計と比較して30％以上減っている。［支給額］申請日の直前1カ月以内に支払った賃料をもとに算定された金額を支給。個人事業者は最大300万円、法人は最大600万円（中小企業庁資料より）。

第４章

地域内経済循環のための連携

［北海道・帯広］

大貝健二

はじめに

新型コロナウイルスはパンデミックを引き起こし、グローバル規模で経済社会を翻弄しています。その顕在化から1年半が経過した現在においても収束する兆しを見せず、むしろウイルス自体が変異しながら感染拡大を続けています。ジョンズホプキンス大学のCOVID-19ダッシュボードによると、新型コロナウイルス感染症の陽性確認者は、2021年5月25日現在で、全世界で1億6731万9100人、うち死亡者が347万3500人にも上ります。そのうち、日本では、陽性確認者が72万2668人、死亡者1万2351人となっています。

新型コロナウイルス感染症の拡大は、日本経済に大きなインパクトを及ぼしています。インバウンドを含む観光やビジネスによる人の移動が大きく制限されたことにより、ホテルや旅客運送業のほか、飲食業や小売業が直接的なインパクトを受けました。さらに産業的な連関を通じてこうしたインパクトは他業種へ波及し、経済は急速に収縮しています。2021年に入ってからも、相次ぐまん延防止等重点措置や緊急事態宣言の発出さらに再延長が繰り返されていますが、これらの措置によって飲食店をはじめとした事業者は自由な営業の自粛を要請され、八方塞の状況に陥っているといえるでしょう。

このような状況下において、医療的にも、経済的にも人の命を守ることが強く求められます。休業要請と十分な補償金はセットであるべきですし、緩やかなロックダウンは避けるべきであるといえます。また、昨年から急増している緊急融資の返済が1日ずつ近づいていることを考えれば、経済を回さざるを得ない状況でもあります。経済活動が戻らないまま返済期間に突入することになれば、より深刻な状況になりかねないことが容易に想像できます。そのため、コロナ禍という非常に困難な状況下で、改めて経済を活性化させることが求められているといえます。

では、コロナ禍において目指すべき活性化とはどのようなものを示すのでしょうか。２０２０年から北海道で見られた取組みとしては、物産展が中止になったことにより、販売予定だった食品加工製品の在庫を抱えた業者を支援するために、商工会議所などが販売サイトを立ち上げたケースや、6次産業化を進めている農業経営者が独自にクラウドファンディングを行うケースなどが見られました。また、有志によって、テイクアウトを開始した飲食店をマッピングし、オンライン上で公開し、利用を促すようサポートする動きも見られました。このように、連帯ともいうべき、生産者や消費者が、お互いを支えあう取組みが生まれてきたことが特徴といえます。私自身は、これらの取組みは望ましいものと考えていますし、コロナ禍でも通用する新たなビジネスが生まれてきていると確信しています。しかし、地域経済を専門に研究している立場から見ると、これらの点の取組みを線に、そして面的に広げていく必要があると考えます。さらに、一過性のものではなく持続的に、繰り返し行われていく必要もあります。同時に、産業連関ということを考えた場合、地域の中で経済効果が波及する仕組みづくりをする必要があります。枝廣淳子さんが岩波新書『地元経済を創りなおす』で示した、漏れバケツの漏れ穴を塞ぐことに加えて、バケツの中にたまった水を地域内に行き渡らせることが必要になります。

この「漏れバケツ」理論は、イギリスのＮＥＦ（New Economics Foundation）が地域調査を基に明らかにした考え方です。地域をひとつのバケツと見立てて、バケツの中には水があるのですが、バケツには多くの穴があり、そこから水が漏れ出てしまっています。ここでいう水は、お金と考えてもらっていいのですが、お金が域外に流出していることを意味します。そのため、水をバケツの中にためた状態にするには、水をバケツの中に注ぐことと同時に、漏れ穴をふさいでいくことが必要になります。それに加えて、たまった水を地域の中へ行き渡らせなければなりません。これは、地域の経済主体が連携することで仕事をまわしていくことにほかなりません。こうした動きを繰り返すこと、いわば循環型の地域経済を創っていくことが必要なのです。

そこで、本稿では地域経済の活性化を具体的に展開している事例として、北海道十勝地域の取組みを紹介してみたいと思います。十勝地域は国内最大の農業地帯です。北海道は、日本の食糧供給基地としての役割を果たしてきた側面があります。十勝も例外ではなく、地域内で生産された農産物の大部分は大消費地を中心に移出されています。

ところが、２０００年代に入ってから、地域の農業生産者や中小企業の連携によって、主要な農産物である小麦を地域内で加工し、消費することに加え、小麦を加工して付加価値を高めた製品を地域内外で販売する動きが生じています。なぜこのような動きが生じたのか、ということに関しては、「地域で必要とされていることを形にした」ということで説明ができるのですが、これはフランスでの社会連帯経済の実践の際に合言葉になっている「Bien commun」（ビヤンコマン、共通善／財の意）に通じるものがあります。

コロナ禍において、地域循環型の経済を創り出すことは容易ではありません。後述するように、十勝地域の取組みもその始まりから見れば30年以上の時間を要しています。とはいえ、十勝の事例のエッセンスを吸い上げ、地域活性化の一助になればと考えています。

1　十勝地域の概要

(1)　地理的特徴

それでは、本章の舞台となる、十勝地域の概観について確認しておきましょう。十勝地域は、地理的には北海道の東部に位置し、南は太平洋、西は日高山脈、北は石狩山地、東は白糠丘陵に囲まれた十勝平野が広がっています。同地域の面積は１万８３１・62㎢（北海道の面積の約13％）であり、岐阜県とほぼ同じ面積です。人口については、33万４７３６人（住民基本台帳、２０２１年1月１日現在）、そのうち帯広市が16万５６７０人と49・５％を占めています。さらに隣接する音更町、芽室町、幕別町と合わせると、25万４４８４人（十勝地域人口の76・０％）となり、帯広市及びその周辺に人口が集中しています。ここが帯広市を中心とした1市16町２村で構成されています（図1）。

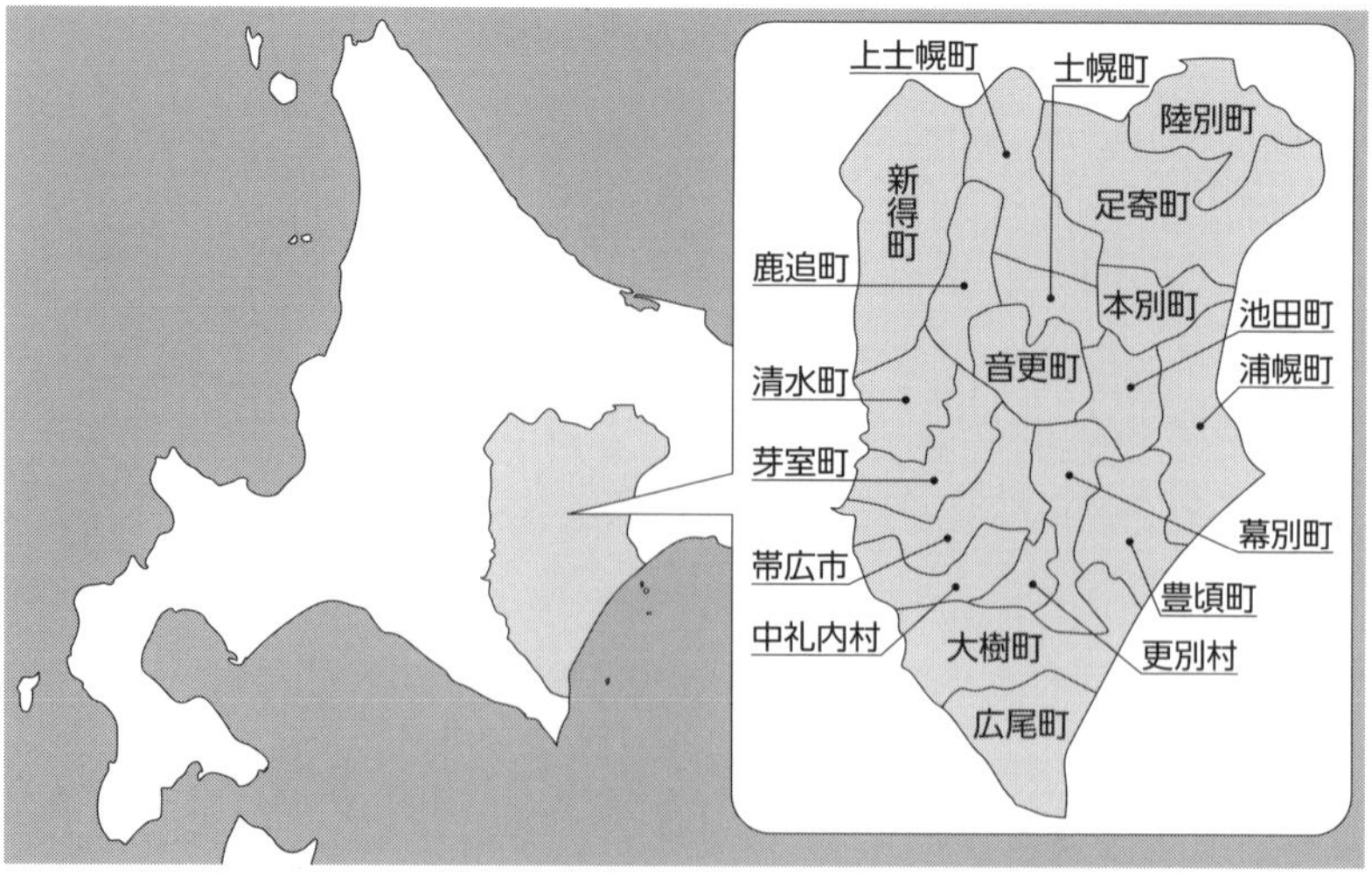

図１　十勝地域の位置

出所：北海道庁ウェブサイトより作成。

⑵　農業生産の動向

続いて、十勝地域の主要産業である農業についてみてきましょう（表１）。十勝地域の総農家数は５５４４であり、これは北海道全体４万４４３３の12・５％を占めています（２０１５年農林業センサス）。同様に、販売農家数では５４２３（同14・２％）、販売農家における農業従事者数では、道内の17・０％を、耕地面積では20万３１７５haと同22・69％にも上ります。また１農家当たりの耕地面積は、北海道内全体平均の23・８haを大きく上回る37・８haであり、しかも耕地面積のほぼすべてが畑となっており、畑作を中心とした十勝地域の大規模農業の特徴があります。また、近年は農家数の減少に伴う１農家あたりの規模拡大も進んでいます。

次に、農業算出額を見てみましょう（表２）。２０１９年の農業産出額は、３０７３億円（北

表1　十勝地域の農業概要

（単位：戸、人、ha、％）

	十勝地域(A)	北海道(B)	(A)/(B)
農家総数	5,544	44,433	12.5
うち販売農家	5,423	38,086	14.2
基幹的農業従事者数（販売農家）	15,142	89,228	17.0
経営耕地面積（販売農家）	203,175	900,579	22.6
1農家当たり経営耕地面積	37.8	23.8	―

出所：2015年農林業センサスより作成。

表2　十勝地域における農業産出額（2019年）

（単位：億円、％）

	十勝地域(A)	北海道(B)	(A)/(B)
合　計	3,073	12,593	24.4
うち耕種	1,146	5,246	21.8
米	0	1,122	0.0
麦類	93	232	40.1
雑穀・豆類	159	333	47.7
いも類	289	648	44.6
野菜	403	2,271	17.7
果実・花き	6	184	3.3
工芸農作物（てんさい）	193	414	46.6
種苗その他	5	40	12.5

出所：北海道農政事務所「北海道農林水産統計年報平成30年～令和元年」より作成。

海道全体の農業産出額の24・4％）、そのうち耕種では1146億円（同21・8％）です。品目ごとにみると、麦類、雑穀・豆類、いも類、工芸農作物（てんさい）は、北海道全体の40％以上を占めていることがわかります。これらの作物は「畑作4品目」といわれ、これらの品目を中心に輪作体系を確立しています。当然、その生産量は膨大なものであり、十勝地域のカロリーベースの食糧自給率（十勝地域での農業生産物

表３　小麦作付面積の推移

	2000年			2010年			2019年		
	春まき（ha）	秋まき（ha）	春まき（％）	春まき（ha）	秋まき（ha）	春まき（％）	春まき（ha）	秋まき（ha）	春まき（％）
北海道	6,020	97,200	5.8	9,500	106,800	8.9	16,500	104,900	15.7
石狩	814	6,180	11.6	1,680	7,510	22.4	2,920	6,260	46.6
空知	1,730	10,400	14.3	1,560	15,500	10.1	3,260	15,800	20.6
上川	1,980	10,400	16	2,430	9,180	26.5	3,100	11,500	27.0
十勝	2	43,000	0.0	206	45,000	0.5	765	42,000	1.8
オホーツク	954	23,600	3.9	2,610	24,500	10.7	4,340	24,200	17.9

出所：北海道農政事務所『北海道農林水産統計年報』各年版より作成。

を同地域の人口で除したもの）は、１２００％にも上ります（十勝毎日新聞、２０２０年12月25日）。

(3) 小麦生産の概要

次に、十勝地域の小麦の生産動向について確認しておきましょう。日本国内における年間の小麦流通量は、年によってばらつきがありますが、およそ６００万トンです。そのうち、輸入小麦が５１０万〜５４０万トン程度、全体の85〜90％を占めています。国産小麦はおよそ60万〜90万トン、全体の10％程度にすぎません。国産小麦に着目すると、北海道の生産量は35〜60万トン、そのうち十勝地域は23万トン前後です。生産量に幅があるのは、毎年の自然条件によって収穫量が変動するからです。とはいえ、国産小麦に占める十勝地域の生産割合は25％程度であり、これは日本国内最大の小麦生産地であることを示しているといえるでしょう。

表3から、北海道内の主要地域別に小麦作付け面積を見てみましょう。２０１９年の北海道内全体の作付け面積は12万

1400haとなっています。十勝地域は、4万2765haと、生産量と同様に面積も最大です。この作付け面積を「秋まき」、「春まき」別にみると、石狩や上川のように、「春まき」小麦の作付け割合が相対的に高い地域もあります。しかし、十勝では、過去およそ20年間でその割合は上昇しているとはいえ、「春まき」割合はわずか1・5％にすぎず、十勝は秋まき小麦が中心であることがわかります。

ところで、北海道で生産される小麦には、基本的に「秋まき小麦」と「春まき小麦」に大別されます。それぞれ品種や性質が異なります。春まき小麦は、パンやラーメン、パスタなどに適した硬質小麦が中心です。他方で、秋まき小麦は製粉後に中力粉になる中間質小麦が大部分を占めます。これらの分類から考えると、十勝で生産される小麦は、そのほとんどが中間質小麦であるといえます。しかし、品種改良が進むなかで、秋まき小麦のなかでも、「キタノカオリ」や「ゆめちから」、「みのりのちから」のように、硬質小麦が登場しています。

十勝地域で「春まき小麦」の作付けが少ない理由としては、次の3点が考えられます。第1に、主に春まき小麦の生産という観点からみると、十勝地域の気候条件が適さないということです。十勝地域では、春まき小麦の収穫時期である8月中下旬に降雨があることが多いのです。小麦は、収穫前には乾燥した状態であることが求められます。雨に打たれると、倒伏（小麦が倒れること）や穂発芽（小麦の種子から新たな芽が出てくること）が生じやすくなるのです。そのため、春まき小麦の作付けは敬遠されやすいのです。第2に、秋まきがメインである十勝では、農業生産者にとって、春まき小麦を作付けするメリットが小さいことが挙げられます。例えば、春まき小麦は、収量の面で秋まき小麦に劣ることや、病害虫に弱い品種が多いため、リスクが高いことなどがあります。第3に、国内の小麦の流通・検査体系の問題があります。国内での小麦の検査体系では混麦（異なる品種の麦が混ざること）は認められていないため、圃場を厳格に区別することのほか、トラクターやコンバイン、乾燥機等の農業機械を入念に清掃することが必要になります。また小麦の品質検査においては、中間質小麦を基準としているため、硬質小麦には不利になることなどがあります。以上のことから、秋まきで硬質小麦が品種改良を通じて登場していると考えられます。

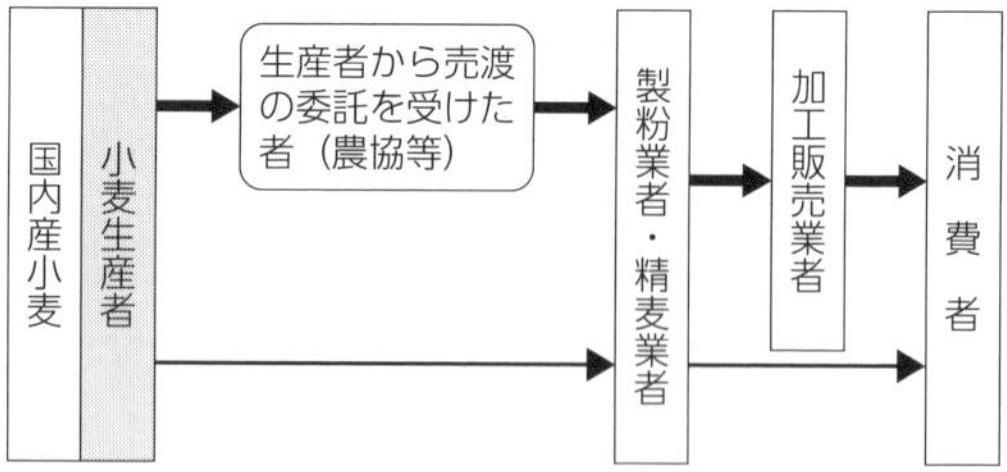

図2　国産小麦の流通経路

出所：財団法人製粉振興会 HP（http://www.seifun.or.jp/）より作成。

(4) 生産された小麦の流通経路

また、現在の小麦流通に関しては、農協が大部分を占めていることも指摘しておく必要があります。国産小麦は、生産者から製粉業者や精麦業者に直接届く場合もありますが、大部分は生産者から売渡業務の委託を受けた農協や民間穀物商社を経由します。その後、製粉業者・精麦業者から加工販売業者を経由して消費者のもとへたどり着くのです。北海道の場合、年間小麦生産量50万トン強のうち、民間穀物商社が取り扱う量はわずか2万トン程度です。十勝地域での小麦流通に関しても同様です。十勝地域には、小麦を取り扱う民間穀物商社は2社存在しますが、これら民間穀物商社を経由する小麦量は、生産量20万トン強のうち1万トン程度であり、北海道全体の動向と同様に、圧倒的大部分が農協経由となっています。

さらに、十勝で生産された小麦は、ほぼ全量が北海道外へ移出されていました。主な搬出先は、千葉県や神奈川県、茨城県の関東首都圏のほか、愛知県、大阪府といった大消費地です。大消費地まで運ばれた後に、輸入小麦とブレンドされて加工、消費されているのです。つまり、十勝地域で生産された小麦は、地域内で加工、消費される構造にはなっておらず、大消費地へ原料を安定的に供給する役割を担っているといえるでしょう。十勝地域に製粉工場が存在していなかったことも、このような要因からであるといえます。

2　地域循環型経済を指向する農商工の連携

前節までは、十勝地域は国内最大の畑作地域であること、とりわけ小麦の生産量も全国最大規模であることを確認してきました。同時に、十勝で生産された小麦のほぼ全量が道外へ移出されており、地元で製粉、加工、さらに消費までされている構造ではなかったこともみてきました。しかし、近年、とりわけ2000年代半ば以降、十勝産小麦を地域内で加工する動きが強くなってきているのです。以下では、地域内の中小企業や農業生産者による個別の取組みに加え、地域循環型経済を指向する農商工の連携をみてみましょう。

(1) 小麦をめぐる農商工ネットワークの契機—株式会社満寿屋商店

十勝産小麦を用いた商品づくり、地域内での連携をみるときに、株式会社満寿屋商店（以下、満寿屋商店）を抜きにしては語れません。満寿屋商店は、１９５０年に創業した老舗のパン屋です。地域では、「ますやパン」の愛称で親しまれています。２０１７年1月現在で従業員１５０名、帯広市内4店舗、隣接する音更町と芽室町に各1店舗でパンの製造販売を手がけているほか、２０１６年には音更町に真空冷却機を備えた工場を稼働させています。

満寿屋商店が十勝産小麦にこだわることになったのは、今から30年以上も前の１９８０年代にさかのぼります。お店にパンを買いに来たお客さんから、「十勝産の小麦を使用しているか」との問いを受けたのです。すでにみてきたように、当時の十勝産小麦はパン用には適さないこと、十勝で収穫された小麦は、ほぼ全量が道外へ移出されているのですが、そのような状況を知らなかったのです。しかも、そのお客さんは、小麦を生産している農業者だったのです。

十勝で生産されている小麦がパンづくりには適さないこと、また十勝で生産された小麦は道外へ移出されていることを、小麦生産農家が知らなかった事実に直面して、先々代の社長は、ショックを受けたようです。また、当時はパンづくりに使用していたのは輸入小麦であったが、ポストハーベスト（収穫後に散布される農薬）問題も生じていたことから、安全のパンづくり、顔の見えるパン

図 3　満寿屋商店「麦音」

出所：筆者撮影。

づくりを目指すために、北海道産小麦、さらには十勝産小麦の使用にこだわりはじめ、農業生産者に対しても、パン用小麦の作付け拡大を要求してきた経緯があります。

「お客様と農家さんと私たちが笑顔とよろこびに満ちあふれる小麦王国十勝のパン屋」を企業目標とする同社では、２００９年に麦音を出店しました。満寿屋商店では、麦音で初めて十勝産小麦１００％のパンづくりを実現しました。そのほかにも同店のコンセプトとして、川上から川下まで、小麦の生産から加工、消費の流れを理解できるようにしていることがあります。店舗の裏には小さな小麦畑を確保し、そこにパン用小麦を作付けけし、収穫後には店舗の中にある石臼で製粉し、その小麦粉もパンへと加工しています。また、小麦の播種や収穫時期には、地域の幼稚園児や保育園児とともに作業を行うなどの食育活動を展開しているほか、地元高校生と新商品の共同開発も積極的に行っています。その後、満寿屋商店では、２０１２年秋から全店舗で十勝産小麦１００％によるパンづくりを実現したほか、副資材（小麦以外の原料）でも十勝産の比率を高めています。２０２０年には、十勝で塩を生産する事業者も登場したことから、「純・十勝　ピロロ」のように、十勝１００％のパンも登場しています（十勝毎日新聞、２０２０年11月12日）。

⑵　パン職人のネットワーク—「十勝パンを創る会」の展開

十勝地域では、地域内のパン職人により、「十勝パンを創る会」が２０１１年から組織されています。同会の目的は、十勝産小麦とその他の農産物を生かした統一ブランドとして「十勝パン」を提案していくことです。十勝でしか食べられないパン、十勝でしかつくることができないパンとしての十勝パン候補を開発していくものです。現在までに、「チャバタ」「十勝長いもパン」「完熟小麦パン」「ホエーパン」「トカチーズ種パン」などを開発してきています。

そのほか、「十勝パンを創る会」では、地域住民に対してのパン製造講習会を開催しているほか、会員間での勉強会も積極的に取り組んでいます。さらに、十勝パンを地域に定着させるために、消費者目線が必要であると考え、「十勝パンを食べる会」を２０１７年に立ち上げています（日本農業新聞、２０１８年5月4日）。本来ならライバル関係にある地域のパン屋が、協働して十勝産小麦の価値を創り出そうとしていることに意義があります。このような動きが出てきたのは、後述する「十勝ベーカリーキャンプ」の影響が大きいと思われます。

また、このような活動に関わっている会員は、十勝産小麦の使用割合を意識的に高めてきていることが特徴です。例えば、帯広市にお店を構える「はるこまベーカリー」も、満寿屋商店と同様に十勝産小麦でパンづくりをしたいという思いを持っていました。２０１０年時点では十勝産小麦の割合が60％程度でしたが、２０１５年には十勝産小麦１００％のパンづくりを実現しています。

⑶　穀物商社による製粉工場の建設―アグリシステム株式会社、株式会社山本忠信商店

十勝で生産された小麦を地域内で加工し消費すること、さらには地域内で循環する経済の仕組みを創り出すためには、地域内に製粉工場がないという構造的な問題がありました。十勝で興味深いのは、このような地域課題が顕在化してくると、課題に対して向き合い、乗り越えていこうとする企業が登場することです。実際に、十勝地域内に製粉工場を建設した地元中小企業が存在します。芽《め》室町《むろちょう》の穀物商社であるアグリシステム株式会社は、２００９年に道内最大級の石臼式による製粉工場を稼働させています。石臼方式による生産量は、稼働当時は年間３２００トンですが、最大１万２０００トンまで引き上げることも可能であるとされています。同社では、小麦の生産者団体である「麦笑《むぎわら》の会」が生産した小麦を製粉しています。

また、音更町《おとふけちょう》の株式会社山本忠信商店（現：山忠ＨＤ）では、２０１１年からロール式の製粉工

図4　山本忠信商店「十勝☆夢 mill」
出所：筆者撮影。

場「十勝夢☆mill」を稼働させています。年間の生産量は4000トンであり、小麦は山本忠信商店の農業生産者団体である「事業協同組合チホク会」によって生産されたものを製粉しています。

このような十勝地域内での製粉工場の建設・稼働の意義について考えてみましょう。国内の製粉業界は、大手4社で70%以上の市場シェアを占める寡占状態であり、新規参入は困難だといわれていました。アグリシステムの製粉方式は、「ふすま」まで用いた全粒粉を軸に製粉を展開しています。他方で、山本忠信商店は、2007年に超硬質小麦である「ゆめちから」が優良品種として登録されたことにより、十勝産小麦の製粉を軸に、いわば差別化することで、製粉業界への参入の可能性を見いだしたのです。いずれにせよ、地域内の穀物商社が製粉業へ参入することで、生産者と消費者の距離が短くなり、お互いの顔が見えやすくなり、地域内で「十勝産小麦」に対する認知度が向上する可能性が生まれます。経済学的に見れば、十勝産小麦を地域内で製粉し、最終商品へ加工することにより、新たな付加価値を創出する可能性も出てきました。実際に、製粉した小麦粉を需要に応じて実需者や消費者に販売しているほか、地粉を用いた製品開発も積極的に行っています。本州大手製パンメーカーへ販売や、道外企業とのフランチャイズ契約を通じて、東京駅構内のカフェへ原料を供給するなど、出口戦略として道外への販売ルートも構築しています。

さらに、直接的に消費者に対して、情報発信、販路拡大を目的とした取組みも積極的に展開しています。山本忠信商店では、「十勝小麦・小麦粉連合」を2011年に組織しています。これは、「小麦生産者とレストランや食品加工業者、消費者が直接情報交換をし、お互いを支え合う仕組みを作ろうとする取組み」であり、十勝地域を中心にした「新しい小麦流通モデル」の構築を目指したものです。十勝小麦・小麦粉連合の取組みの中では、十勝産小麦100%の生パスタを使用し、豚挽肉、マッシュルーム等の副資材も十勝産100%にこだわった「十勝ボロネーゼ」や、オール十勝産の素材を基に、十勝シェフの手によって創り出される「十勝イタリアン」を、十勝で堪能するイベントである「十勝イタリアーノマンジャーレ」などが展開されています。イタリアーノマンジャーレは、十勝産の食材の魅力を最大限に引き出すことにより、十勝産食材が認知、注目され、消費拡大を促すことをも目的としており、十勝地域内外からの参加者が多いイベントでもあります。

このように、製粉工場を建設、稼働したことにより、地域内で小麦の加工、消費の展開が少しずつではありますが始まっています。しかし、小麦の生産に目を向ければ、多品種の小麦生産にはまだ波及していないのが現状ですが、両社の展開は、地域の農業生産者に対して、多品種の小麦生産拡大アピールになっているといえるでしょう。

(4) 行政による産業支援と実需者、消費者に対する認知度向上への取組み

このように、十勝産小麦の加工を軸とした連携は、実需者であるパン屋の思いを端緒として、約30年の時間を経て形になってきたものといえるでしょう。最後に、このような企業間の連携を、行政がどのように支援をしているのか見ておきましょう。

帯広市では、2007年3月に「帯広市中小企業振興基本条例」が既存の条例を改正する形で誕生しました。同年には地域の基幹産業である農業を基盤に、高付加価値を実現する産業創出を目的として、産業連携室を設置しました。この産業連携室が担ったのが「帯広市食産業振興協議会」の事務局です。帯広市食産業振興協議会も、2007年に設立された任意団体です。生産から消費までの「食」に関わる事業者や大学、研究機関が連携し、帯広市で生産される農産物を活用し、高付加価値な食品を創出することを目的としていました。同協議会では、十勝地域の地域資源である小麦に着目し、農商工の連携によって、高付加価値化を目指しました。小麦に着目した理由として、畑作4品目のうち、地域内で付加価値が発生していない作物は小麦だけだという認識があったからです。ばれいしょや豆、ビートに関しては、でんぷん工場や製餡工場、製糖工場が立地しているのに対して、小麦は、先述のように、地元に製粉工場がなかったことからも分かるように、ほぼ全量が麦のまま大消費地へ移出されていました。このことから、地元で小麦を加工することが非常に限られていたのです。このような背景に加え、小麦の品種改良が進んだこともあり、十勝産小麦を地元で加工し消費する、あるいは小麦を加工した製品を地域内外で販売していこうとする民間企業の動きが

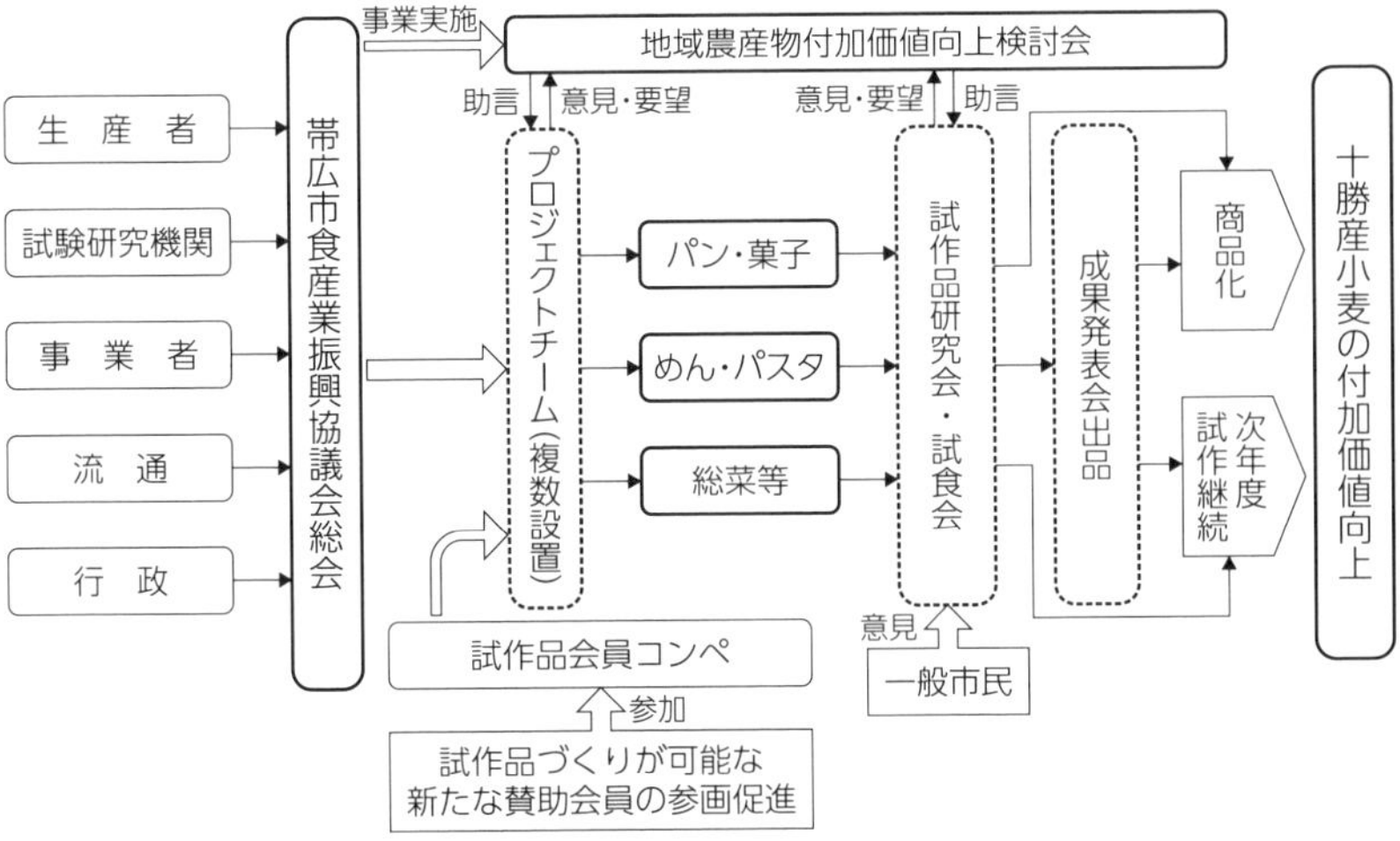

図５　帯広市食産業振興協議会のスキーム

出所：帯広市食産業振興協議会「麦チェンマニュアル」より。

見られ始めたことから、食産業振興協議会では小麦のフードチェーンの構築を模索していきました。具体的な取組みのイメージとしては、図５の食産業振興協議会のスキームが参考になります。これをみると、パン、パスタ、惣菜等のプロジェクトチームの中で、商品化に向けた試作や研究を重ね、一般市民も対象にした試食会等を開催し、そこでの反応や意見を再度試作品に落とし込み、商品化を進めるというものです。そのほか、試作品の開発に加え、小麦に関する勉強会や講習会を開催し、食産協会員の共通理解を深める取組みを行っていたことも特徴です。

こうした食産業振興協議会の取組みは、十勝産小麦に対するさらなる理解や認知度の向上を目指した「十勝ベーカリーキャンプ」（現：北海道小麦キャンプ）の展開につながります。十勝ベーカリーキャンプは、２００９年から毎年７月に実施されています。これは、パン製造技術者向け講習会を通じてパン職人のスキル向上を図ること、さらに小麦生産農家を訪問し、小麦の生産現場を知ることによって、十勝産小麦への理解を深めていくことを目的としており、毎回100名以上が十勝地域、ないしは北海道内外から参加しています。2013年からは民間主導形式の実行委員会を組織し、名称も「北海道小麦キャンプ」へと変更し、オホーツクなど北海道内の小麦生産地でキャンプを展開しています。このイベントを通じて、地域のパン職人や小麦生産者が出会い、お互いを知り、理解していくようになります。直接的ではないにせよ、地方自治体による具体的な産業支援策が、出会いの「場」を創り出ことに寄与したといえるでしょう。

また、ベーカリーキャンプでの技能講習は、プロ・セミプロを対象としたものであり、一般消費者への情報発信は限定的でした。そのため、2013年には一般向けPRイベントとして、「世界トーストアートin十勝」を行いました（図6）。これは、パン職人や小麦生産農家、デザイナー、大学生が企画したもので、1万6500枚のトーストを並べ巨大なモザイク画を作り上げるものです。トーストアートを実施した2013年7月7日には、「小麦キャンプ」実行委員ボランティアや市民約150人が参加し、162・8平方メートルのモザイク画を完成させるなど、単に農業生産者や実需者だけの取組みではなく、地域の消費者も巻き込んだ取組みに発展してきているのです。

さらに、2014年からは「十勝小麦ヌーヴォー」という取組みが行われています。これは、アグリシステム株式会社が主催し、事務局を担っています。同社が製粉した小麦を9月23日に解禁し、

図6　トーストアートで描かれた十勝の開拓者依田勉三

出所：筆者撮影。

全国の約２００のパン屋で新物の小麦を使用してパンを焼き、そのおいしさを分かち合おうとするものです。また、アグリシステムの小麦を使用している全国のパン職人を十勝に招いて、十勝産小麦の魅力を伝えるための取組みも展開しています。興味深いのは、これらの十勝産小麦の魅力を高めることを目的としたイベントを通じて、十勝地域外からもパン職人や消費者が十勝を訪問し、十勝の農業生産者やパン職人と交流を持つなかで、十勝産小麦の魅力を発見、ないしは再確認しているということです。さらに、そうした情報が地元紙を通じて地域内に広がっています。情報の広がりが、さらに小麦生産や加工、販売、消費に関わる農業生産者や中小企業者の多様な小麦品種の拡大や、十勝産小麦の普及、新たな加工品の開発に向けた意欲をかきたたせることにもつながっているのです。単に地域内での多品種におよぶ十勝産小麦の作付け拡大や加工ルート、消費の拡大にとどまらず、地域外部との交流による相互作用が、十勝産小麦の生産から消費までの好循環を創り出す刺激となり、また十勝産小麦の認知度をあげることに寄与しているのです。

3 十勝地域の事例が示すもの

十勝地域は国内最大の畑作地帯であり、小麦の生産量は全国一位であり、生産された小麦は、食糧の安定供給という意味合いからも、そのまま道外へ移出されてきた歴史や制度がありました。そのため、地元で小麦を製粉し加工するといった付加価値の創出や、地産地消のように地域内で消費されることはほとんどありませんでした。しかし、上述のように、近年では、地域のパン屋や穀物商社などの実需者である地域中小企業の地道な取組みによって、十勝産小麦を地域内で加工することにより、新たな価値を創り出してきています。

最後に、十勝地域内で小麦の生産から加工、消費までが完結することの意義を改めて確認してみましょう（**図7**）。十勝地域で生産されている圧倒的大部分の小麦がたどる経路は、道外移出です。この経路をたどる小麦は、十勝から大消費地へ移出され、大手製粉業者によって製粉されたのち、実需

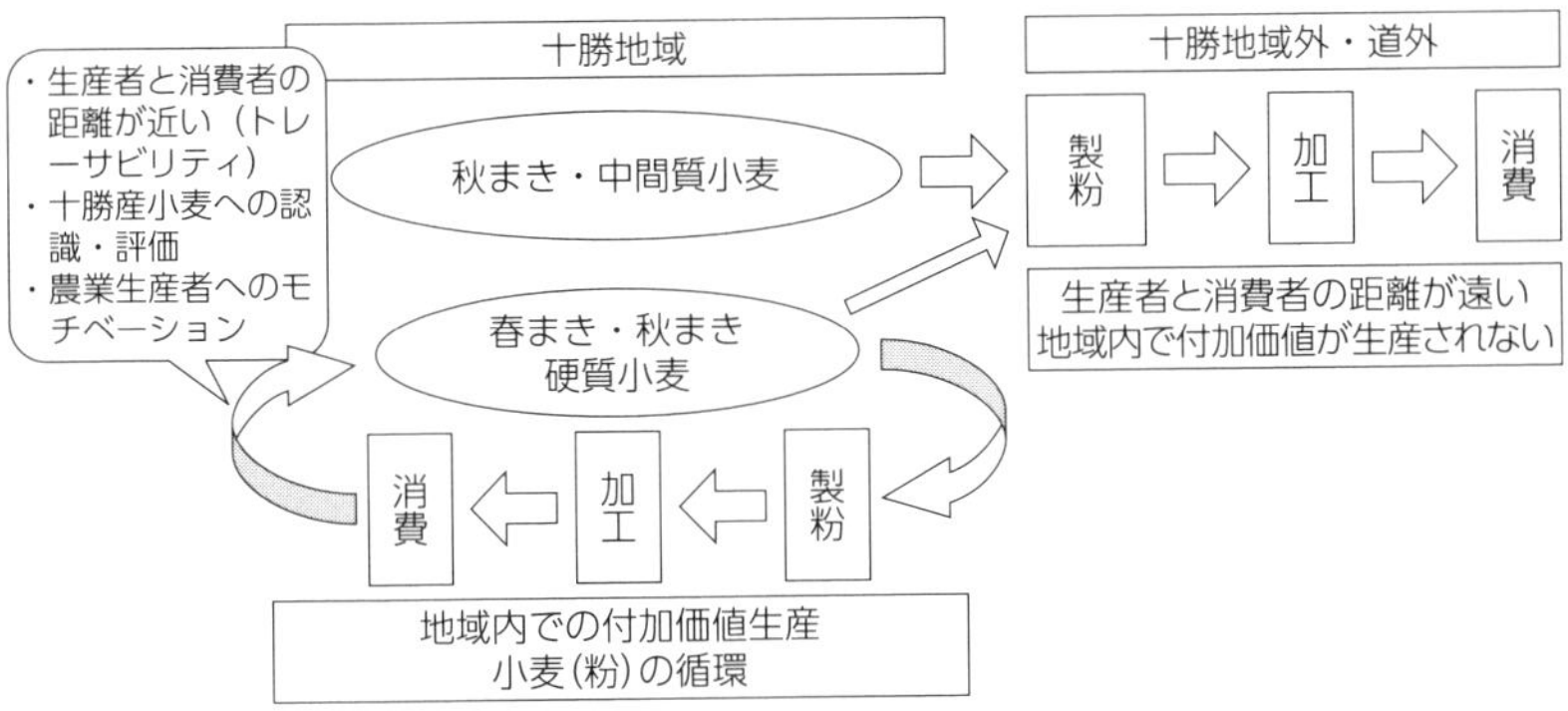

図7　地域内経済循環の概念図

出所：筆者作成。

者に供給され最終消費者に渡ります。この場合、製粉以降の過程は地域外で行われることになります。そのため、生産と消費の距離が遠く、どのような用途で加工されているのかわからないことに加え、地域内で付加価値生産は行われません。第2の経路は、地域内で生産された小麦が、地域内で製粉され、地域内の実需者によってパンやパスタに加工され、地域内で消費されることになります。この経路では、地域内で付加価値生産が可能になることに加え、生産者、実需者、消費者の距離が近く、それぞれの顔が見えやすいことから、トレーサビリティを担保することに加え、小麦や小麦粉、パンなどの製品の評価がダイレクトにわかることから、農業生産者や実需者にとっては、生産や加工へのモチベーションにつながっているのです。

　実際に、地域内で生産された小麦を地域内で加工すると、どれだけの付加価値が生まれるのでしょうか。補足的ではありますが、２００９年に公表された「麦チェンマニュアル」を基に確認しておきたいと思います（図8）。例えば、約70

図8　地域内での付加価値創出のイメージ

出所：帯広市食産業振興協議会「麦チェンマニュアル」より。

0円で販売している小麦加工製品の小麦原価が6・28円だとします。小麦のまま販売するのであれば、原価プラスアルファにしかなりませんが、それを加工することで、110倍程度の価値を実現することになります。材料原価、製造原価（人件費等）が付加されるからです。このプロセスが地域内で行われれば、地域内で新たな価値が生じ、波及することになります。だからこそ、原料としてではなく、少しでも加工して付加価値を上乗せした製品を販売していくことが求められるのです。

さらに、これらの展開は、地域内での連携による地産地消の実践にとどまりません。従来の小麦を大消費地に移出することに加え、地域内で加工した小麦粉をはじめとした製品を域外市場へ販売することにもつながります。そうすることにより、外需拡大をも図りながら、十勝地域外での十勝産小麦の認知度を高めていくことになります。そして、域外からの注目が地域内での十勝産小麦への認知度の向上に帰結し、地域の農業生産者や実需者に対してさらに刺激を促す仕組みとして機能しはじめているといえるでしょう。

4　魅力的な地域経済の仕組みを求めて

本稿では、国内最大の畑作生産地である北海道十勝地域での小麦の生産、加工、消費の循環を創り出そうとしている農業生産者や中小企業者の個々の取組みや連携に焦点を当ててきました。2000年代初頭までは、十勝産小麦でつくられたパンやパスタなどはほとんどありませんでした。しかし、2010年以降には、地域内で堪能できるようになりましたし、地域で生活している人たちにとっても、十勝産小麦で作られた製品を消費することが当たり前になっています。

このような動きは、地域の農業生産者や中小企業者の努力によって、地域資源である小麦の可能性を追求した結果であるし、地方自治体による産業支援の成果ともいえます。そして何より重要なのは、当事者である地域の企業者たちが、何が地域の課題であるのかを共有し、地域で必要とされていることを、連携しながら形にしてきていることです。地域の経済主体間のネットワークで、地域経済循環の新しい仕組みをつくり始めているのです。

とはいえ、十勝地域だけで、十勝で生産した小麦の全量を消費できるわけではありません。人口ベースで考えれば、十勝地域の消費は、年間数千トンで賄えるからです。つまり、圧倒的大部分の生産物は、地域外に供給していかなければならないのです。その時に、従来のように小麦のまま、原料として供給することに加えて、地域内で小麦粉や小麦製品に加工したものを供給できれば、地域内で付加価値生産が行われることになるし、地域経済の仕組みとしてはより魅力的なものになると思われます。

最後に、このコロナ禍における、帯広市による中小企業をはじめとする地域の経済主体への支援状況について言及しておきましょう。帯広市による地域産業振興策は、これまでに見てきたように、既存の中小企業振興基本条例を理念条例に改正したことや、産業連携室を設置したこと、さらには2010年から「フードバレー十勝」構想を旗印とする米沢則寿《よねざわのりひさ》市政によって、基幹産業である農業を軸に、業界団体や地域金融機関を巻き込み、産業政策を展開してきました。他方で、新型コロナウイルス感染症の拡大によって大きなインパクトを受けている中小商工業者に対する経営支援に関しては、持続化給付金対象から外れている新規創業企業に対して補助金給付など独自の展開も見られます。しかし、基本的には国や北海道による緊急融資制度等への情報集約や信用保証料の補助、飲食店を対象に継続支援金の給付やアクリルパネルの設置補助に加え、業界団体が取り組んでいる新型コロナウイルス感染症による影響が大きい事業者をサポートする「つなぐマルシェ」（オンラインマルシェ）や、テイクアウト可能飲食店などの情報集約などの緊急的対応が中心です。市内事業者の被害実態の把握には至っておらず、個別企業支援としては限界があります。

この点で、中小企業振興基本条例を基に、2020年3～5月と非常に早い時点から中小企業者を対象に被害実態を調査し、その結果を基に独自の中小企業振興施策を展開している東京都墨田区とは異なっています。帯広市においても、個別事業者の実態を把握し、実態に見合った独自施策を展開し、地域の産業政策へつなげていくことが求められていると言えるでしょう。

5　雇用情勢の深刻化を踏まえ、基金を創設し「緊急雇用創出事業」に早期に取り組むなど、機動的かつ効果的な雇用対策を行うこと。
6　引き続き適切かつ着実な最低賃金引き上げを図るとともに中小企業、個人事業主に対して賃金引き上げができる環境整備に努めること。
7　鉄道、バス、船舶、タクシー、レンタカーなどに対し、事業規模に応じた手厚い経営支援を行うこと。
8　困窮する女性を支援するため、雇用の安定に加え、育児・介護等の支援に取り組むと共に、既存の枠組みへのアクセスが困難な女性も存在することから、公的な相談・ケア体制の更なる強化に取り組むこと。
9　中小企業、個人事業主に対する、国税、地方税、各種保険料の減免や猶予等の措置を講ずること。

以上、地方自治法第99条の規定により意見書を提出する。

令和3年7月6日

衆議院議長　大 島 理 森 殿
参議院議長　山 東 昭 子 殿
内閣総理大臣　菅　義 偉 殿
財務大臣　麻 生 太 郎 殿
総務大臣　武 田 良 太 殿
厚生労働大臣　田 村 憲 久 殿
経済産業大臣　梶 山 弘 志 殿
国土交通大臣　赤 羽 一 嘉 殿
内閣官房長官　加 藤 勝 信 殿
内閣府特命担当大臣（経済財政政策）　西 村 康 稔 殿
内閣府特命担当大臣（男女共同参画）　丸 川 珠 代 殿

京都府議会議長　菅 谷 寛 志

[付録]

コロナ禍で影響を受ける中小企業、個人事業主、働くひとたちへの経済対策・緊急支援対策を求める意見書

いま、コロナ禍の中で府内各地の地域経済、働く人たちの暮らしが冷え込んでいる。

感染拡大防止のため、不要不急の外出自粛が求められ、飲食店における休業·時短営業、大規模小売店舗の営業休止やイベントなどが中止せざるを得ない状況となるほか、鉄道・バス・タクシー等の公共交通の利用が大幅に減少している。さらには観光客の激減による観光業の衰退、建設関連やものづくり、芸術・文化を支えてきた職人など、府民の暮らしと府内各地の地域経済に大打撃を与え、働く人たちの暮らしも厳しい状況に追い込まれている。特に女性に至っては、育児・介護、生活困窮等さまざまな面でも追い詰められている。

これらの状況の下で生活と暮らしをしっかりと支えるため、コロナの影響を受けた全ての人々に対する幅広い対策が求められている。

また、経済活動を維持し再開していくためには、働く人たちの経済的困窮を食い止める最低賃金の改善と一体に、中小企業、個人事業主に対する直接的に負担を軽減する方策の推進など、実効性のある支援が不可欠である。

ついては、国におかれては、中小企業、個人事業主の生業を維持し、健全で持続的な発展に資するとともに、そこで働く人たちの雇用と暮らしを守る、困窮する女性をしっかりと支援するために対策を講じるよう、以下の通り強く求める。

1　地方創生臨時交付金のさらなる増額、大規模施設等協力金の地方負担分の軽減、即時対応特定経費交付金の期限撤廃・交付基準の引き下げなど機動的な追加対策を躊躇なく実施すること。
2　本年3月末で申し込みが終了した、民間金融機関の無利子・無担保・無保証融資の申し込み再開及び償還・据え置き期間を延長すること。
3　持続化給付金や家賃支援給付金の再度の支給や要件緩和を行い、企業規模に応じた支援額の引き上げを行うこと。
4　雇用調整助成金については業種や業況にかかわらず特例措置を行い、今後、段階的縮減を検討する際は、都道府県の意見を十分に聞くこと。

編著者

岡田知弘（おかだ　ともひろ）

京都橘大学教授、京都大学名誉教授、自治体問題研究所理事長

著　者

宮津友多（みやつ　ゆうた）

全国商工団体連合会付属中小商工業研究所

大貝健二（おおがい　けんじ）

北海学園大学経済学部准教授、自治体問題研究所理事

コロナと地域経済

［コロナと自治体　4］

2021年9月15日　初版第1刷発行

編著者　岡田知弘

発行者　長平　弘

発行所　株式会社 自治体研究社

〒162-8512 東京都新宿区矢来町123 矢来ビル4F

TEL：03･3235･5941／FAX：03･3235･5933

http://www.jichiken.jp/

E-Mail：info@jichiken.jp

ISBN9784-4-88037-728-5 C0036

印刷所・製本所：モリモト印刷株式会社

DTP：赤塚　修